Sandra Felton
Im Chaos bin ich Königin

Sandra Felton

Im Chaos bin ich Königin

Überlebenstraining für Messies

Brendow
VERLAG + MEDIEN

Die Deutsche Bibliothek – CIP-Einheitsaufnahme

Felton, Sandra:
Im Chaos bin ich Königin : Überlebenstraining für Messies /
Sandra Felton. [Aus dem Amerikan. von Antje Balters]. –
9. Aufl. – Moers : Brendow, 2003
Einheitssacht.: Messie no more <dt.>
ISBN 3-87067-556-X

9. Auflage 2003
ISBN 3-87067-556-X

Originaltitel: MESSIE NO MORE. First published by the Fleming H. Revell
Company, New Jersey, USA.

Aus dem Amerikanischen von Antje Balters
Einbandgestaltung: Georg-Design, Münster
www.brendow-verlag.de

INHALT

ANHANG

VORBEMERKUNG DER ÜBERSETZERIN

Ein »Messie« – was ist denn das nun schon wieder?

Die Sache mit den »Yuppies« und »Dinks« und was es sonst noch alles an amerikanischen Bezeichnungen für bestimmte Menschengruppen gibt, braucht doch nicht immer weiter auszuufern! Das ist völlig richtig, und in dem vorliegenden Buch geht es auch nicht um irgendwelche modischen gesellschaftlichen Trends, sondern es geht um Menschen, die ein Problem haben:

Es geht um Menschen, die ihren Alltag nicht organisieren können. Sie sind unordentlich, viele von ihnen sind nicht in der Lage, sich von Sachen zu trennen; daher horten und sammeln sie alles mögliche; wieder andere gehören zur Spezies der Zeit-Chaoten: Sie kommen permanent zu spät, verwechseln Termine und können kaum jemals abschätzen, wieviel Zeit sie für eine bestimmte Sache brauchen.

Das Wort »Messies«, mit dem Sandra Felton, die Autorin des Buches, solche Menschen bezeichnet, leitet sich ab von dem englischen Wort »mess«, das soviel heißt wie »Unordnung«, »Durcheinander«. Jemand ist »messy«, also »unordentlich«; folglich ist ein Mensch, dessen Alltag von diesem Problem gekennzeichnet ist, eben ein »Messie«.

Natürlich könnte das in der deutschen Fassung dieses Buches

auch direkt als »unordentliche Person« übersetzt werden, aber für meinen Geschmack klingt das zu streng und wertend und trifft die Sache auch nicht exakt.

Das ist einer der Gründe, weshalb ich mich entschlossen habe, den Begriff »Messie« auch in der deutschen Version stehenzulassen.

Der zweite Grund ist die Tatsache, daß ich mich selbst zu den Messies zähle, und wenn ich mich als Messie bezeichne, fühle ich mich nicht ganz so entlarvt, als wenn ich eingestehe, daß ich nun mal unordentlich bin.

Antje Balters

VORBEMERKUNG DER AUTORIN

Es wäre ein sträfliches Versäumnis meinerseits, nicht all die Hilfe zu erwähnen, die ich von den LehrerInnen und BibliothekarInnen der Hialeah High-School bekommen habe. Sie besorgten Quellenhinweise, die ich benötigte, und wenn ich sie um irgendeinen Artikel oder ein Buch bat, dann beschafften sie es. Durch ihre Gespräche im Lehrerzimmer sind sie mir ohne ihr Wissen zu wertvollen Ratgebern geworden.

Die Denkanstöße und Informationen der TeilnehmerInnen meiner Seminare und Workshops wurden mir sehr wertvoll, ebenso wie die Anregungen anderer Menschen, denen ich begegne. Viele machen kluge, umsichtige Anmerkungen und sind ausgesprochen couragiert. Ihre Courage hilft mir sehr dabei zu verstehen, wie wichtig es ist, daß Frauen ihr Leben gut organisieren, daß wir würdevoll und effektiv leben und die eigenen Möglichkeiten ausschöpfen. Außerdem ist mir dadurch klar geworden, daß das fast allen ein großes Bedürfnis ist. Mein besonderer Dank gilt Bob Schwartz, dem Autor des Buches »Diets Don't Work« (»Diäten funktionieren nicht«). Sein Verständnis von der Suche nach Normalität für den Bereich des Körpergewichts war mir eine große Hilfe in bezug auf mein Verständnis von Normalität im Bereich der Ordnung im Haushalt. Wir sind uns einmal begegnet, und zwar als Gäste in einer Talk Show, und wenn ich schon damals das von seinem Buch gewußt hätte, was ich heute weiß, dann hätte ich mich persönlich bei ihm bedankt.

Zu meiner Person möchte ich vorab bemerken:

Ich bin eine gutmütige Lehrerin mit Lehrbefähigung für Mathematik und Sonderpädagogik. Ich arbeite als Sonderpädagogin und Englischlehrerin an einer High-School. Morgens vor der Arbeit und abends schreibe ich an diesem Manuskript. An manchen Wochenenden fliege ich in die unterschiedlichsten Teile unseres Landes, um Seminare, und in Frauengruppen Vorträge zum Thema Haushaltsorganisation zu halten. Zusammen mit zwei anderen Frauen leite ich eine Organisation namens »Messies Anonymus«, eine Arbeit, die ich ins Leben gerufen habe, um unordentlichen und unorganisierten Frauen durch Seminare, Bücher, Rundbriefe und Selbsthilfegruppen zu helfen.

Von unseren drei Kindern leben zwei erwachsene Söhne noch bei uns in unserem kleinen Haus in Florida. Unsere Tochter, das älteste Kind, lebt mit ihrem Mann, zahlreichen Katzen und Pferden in Georgia auf dem Land, wo sie an einer Grundschule unterrichtet. Ich könnte meine Aktivitäten gar nicht bewältigen ohne die Unterstützung anderer, besonders der meines Mannes Ivan, der Pfarrer aus Leidenschaft ist. Die Mitglieder unserer Gemeinde sind sehr verständnisvoll, und sie sind uns eine große Hilfe, wenn es darum geht, uns persönlich zu stärken.

Ich halte mich nicht für ein Energiebündel. Ich habe auch keine besonders straffe Organisation. Der einzige Grund, weshalb ich all diese Dinge tun kann, ist der, daß ich all das *maßvoll* praktiziere. Mein ausgewogenes Leben gerät nicht gleich aus den Fugen, wenn irgend etwas nicht nach Plan geht, denn es ist nicht so vollgestopft, daß ein einziger Fehler alles durcheinanderbringen würde.

Ich setze mir zwar Ziele, aber ich beschränke mich auf einige wenige. Dann mache ich mich in die betreffende Richtung auf den Weg, vergebe mir selbst, wenn etwas schiefgeht, und mache dann möglichst locker und entspannt weiter.

Wenn ich mich dann umsehe, stelle ich oft fest, daß ich mehr geschafft habe, als ich eigentlich dachte.

Sandra Felton

EINLEITUNG

Nichts ist frustrierender, als etwas tun zu müssen, womit man überfordert ist. Wer von sich behauptet oder weiß, daß er ein unordentlicher Mensch ist, lebt tagtäglich mit der Realität dieses Problems. Wir möchten vielleicht Ordnung halten und hätten gern ein schönes Zuhause, aber wir fühlen uns außerstande, das auch in die Tat *umzusetzen*.

Es gibt viele Beispiele für dieses Problem, aber besonders geeignet ist das Märchen von Rumpelstilzchen. Ein Müller hatte eine widerspenstige, aber kluge Tochter und brüstete sich vor dem König damit, daß sie Stroh zu Gold verspinnen könne. Der König liebte Gold, also schloß er das Mädchen in einen mit Stroh gefüllten Raum ein und forderte es auf, ihr Wunder zu vollbringen.

Rumpelstilzchen hatte erfahren, daß die wunderschöne Müllerstochter vor die Aufgabe gestellt worden war, etwas Unmögliches zu tun, und er nutzte ihre Lage schamlos aus. Nachdem er auf wunderbare Weise durch die verschlossene Tür in den Raum gelangt war, versprach er, für sie das Stroh zu Gold zu spinnen, wenn sie ihm ihren Ring geben würde.

Sie war einverstanden, denn sie wußte natürlich, daß dies die einzige Chance war, mit dem Leben davonzukommen. Aber der König war mit einem Zimmer voller Gold noch nicht zufrieden. Er kaufte eine weitere Ladung Stroh, um sie von der Müllerstochter zu Gold verspinnen zu lassen. Wieder erschien Rumpelstilzchen und forderte diesmal die Halskette des Mädchens als Lohn für sein Wunder. Immer noch nicht zufrieden, verlangte der König von dem Mädchen, auch noch ein drittes Zimmer voller Stroh zu Gold zu machen. Und wieder tauchte Rumpelstilzchen auf, diesmal mit der Forderung nach dem erstgeborenen Sohn des Mädchens.

Unordentliche Menschen können mit der Müllerstochter mitfühlen. Viele unordentliche Frauen sind klug und kreativ, und deshalb wird ganz selbstverständlich von ihnen erwartet, daß sie die simplen Haushaltspflichten mühelos bewältigen. Wir Messies stellen diese Erwartung auch an uns selbst, aber die Aufgabe auch wirklich zu bewältigen, erscheint uns genauso unmöglich, wie es der Müllerstochter unmöglich war, Stroh zu Gold zu spinnen. Weder Drohungen noch Versprechungen können uns zum Erfolg bewegen. Wir wünschen uns, daß eine Fee käme und die Sache für uns erledigen würde, aber leider taucht sie nie auf.

Dieses Buch soll eine ähnliche Funktion haben. Es wird zwar nicht Ihr Haus für Sie putzen, und es enthält auch keine Gutscheine für Inanspruchnahme eines professionellen Reinigungsdienstes, aber es wird Ihnen dabei helfen, zu einer Grundhaltung zu kommen, durch die Ihre Unordentlichkeit der Vergangenheit angehören wird.

Viele Frauen, die dieses Buch lesen, möchten sich schrecklich gern ändern, wissen aber nicht wie. Viele haben schon unterschiedliche Methoden ausprobiert und sind immer wieder in die alten Gewohnheiten zurückgefallen. Manche schaffen es jetzt etwas besser, aber es kostet sie große körperliche und seelische Anstrengung, und es fällt ihnen schwer, auch dabeizubleiben. Viele dieser Kämpferinnen fühlen sich sehr einsam. Still, verbissen und täglich aufs neue kämpfen sie gegen das Chaos, das wie die Flut ständig wiederkehrt. Vielleicht werden sie von ihren Männern dazu gedrängt, etwas zu ändern. Vielleicht ist die Unordnung ihren Kindern peinlich. Sie fühlen sich wie die letzten Versager, weil sie es nicht schaffen, den Dingen die richtige Richtung zu geben. Ob ihr Haus wirklich in chaotischem Zustand ist oder nur unordentlicher, als sie es gern hätten, ist unwesentlich. Tatsache ist, daß ihnen ihr Haushalt entglitten ist, so sehr sie sich auch bemühen, ihn unter Kontrolle zu behalten.

Es handelt sich bei dem vorliegenden Buch nicht um ein weiteres aus der Reihe »Hausarbeit – leicht gemacht«. Es enthält dennoch viele praktische Ideen, speziell für unordentliche Menschen, und soll Ihnen dabei helfen, sich auf das Ziel der Ordnung und des Sich-wohl-Fühlens in Ihrem Leben zuzubewegen. Dies gelingt allerdings nur, wenn Sie verstandes- und auch gefühlsmäßig bereit sind, daran mitzuarbeiten.

In diesem Buch werden Sie die Gründe erfahren, weshalb Sie die Kontrolle über Ihren Haushalt verloren haben. Dann werden Ihnen Methoden und Wege vermittelt, wie Sie den Haushalt wieder in den Griff bekommen und auch im Griff behalten können. Das vorliegende Buch enthält die Grundlage für eine dauerhafte Veränderung. Eigentlich ist es das Arbeitsbuch der »Messies Anonymus«-Selbsthilfegruppen; das sind Selbsthilfegruppen, die nach dem Vorbild der »Anonymen Alkoholiker« arbeiten. Es werden einige schriftliche Aufgaben zu erledigen sein, die wichtig sind, um das gestellte Ziel zu erreichen. Ihre schriftlichen Antworten sind ein wichtiger Teil der Veränderungen, die Sie erleben werden.

Ich bin eine vielseitig interessierte Leserin, die in ganz verschiedenen Quellen liest. Wie ein Schmetterling, der an der einen Blüte nascht und dann an einer anderen, untersuche ich nicht den Boden, auf dem jede einzelne Blume wächst. Anders ausgedrückt: Wenn ich mich auf einen Gedanken beziehe oder einen Autoren zitiere, dann bedeutet das nicht unbedingt, daß ich die gesamte Philosophie dieses Buches oder dieses Autors übernehme. Ich überlasse es dem gesunden Urteilsvermögen des Lesers, sich selbst ein Urteil zu bilden.

TEIL 1

DAS »WARUM«

Verstehen, wie Messies denken

Das Geheimnis der Veränderung besteht darin, wie wir über Ordnung und Organisation denken. Irgendwo in diesem Abschnitt werden Sie sich mit Ihrem Denken wiederfinden. Nicht alle Typenbeschreibungen werden auf Sie zutreffen, aber Sie werden einige destruktive Denkmuster entdecken, die scheinbar so sehr zu Ihnen gehören und ein Teil von Ihnen sind, daß Sie sie für ganz normal halten.

Es gibt viele Frauen, deren Zuhause ordentlich und organisiert ist, ohne daß sie perfektionistisch sind. Der Grund dafür ist, daß diese Frauen einfach anders denken als Sie. Hinter dieses Geheimnis werden Sie schauen und dann lernen, es sich selbst anzueignen.

1

SICH SELBST ANNEHMEN

Unordnung und so weiter

Der Albatros sieht lustig aus. Wenn er läuft, muß er seine großen, mit Schwimmhäuten versehenen Füße sehr stark anheben, um nicht über sie zu stolpern. Außerdem haben Albatrosse ein merkwürdiges Balzverhalten. Sie verbeugen und recken und strecken sich voreinander. Ihre großen plumpen Körper sind an Land, wo sie balzen, Eier legen und ihre Jungen aufziehen, unbeholfen und tolpatschig.

Andererseits ist der Albatros aber auch einer der graziösesten Vögel überhaupt. Er hat eine Spannweite von bis zu fast vier Metern und kann auf seinen langen schmalen Schwingen weiter und länger gleiten als jeder andere Vogel. Er ist ein wunderschöner und prächtiger Vogel.

Es ist kaum zu glauben, daß es sich beim laufenden und beim fliegenden Albatros um dasselbe Tier handelt.

Wir Messies sind wie diese Vögel. Organisation ist unsere schwache Seite, und wir quälen uns ab mit unseren Versuchen, ordentlich zu sein. Wie der Albatros können wir es nicht umgehen, auch an unseren Schwachstellen zum Einsatz zu kommen. Aber wie für den Albatros gibt es auch für uns die Lüfte. Messies »funktionieren« in vielerlei Hinsicht sehr gut und schwingen sich in den Bereichen, wo ihre Stärken liegen, in ungeahnte Höhen auf.

Während wir uns mit organisatorischen Angelegenheiten abquälen, können wir beim Durchgleiten dieser anderen Bereiche Befriedigung erfahren.

Nun ist es aber so, daß Messies für gewöhnlich die schöne Seite an sich selbst gar nicht sehen. Sie sehen immer nur den tölpelhaften Landgang des Albatros; und das, was sie da sehen, gefällt ihnen ganz und gar nicht. Die Folge ist, daß Messies sich selbst schlecht behandeln und keineswegs nett sind zu sich selbst. Das fällt aber zunächst nicht ins Auge. Messies sind oft Leute, in denen das Leben pulst und die im Leben das Heft in der Hand haben. Sie sind sehr genau und eigen im Umgang mit ihren Sachen, und in gewisser Hinsicht sind sie auch genau und eigen im Umgang mit sich selbst. Viele von ihnen sind scheinbar glückliche Menschen, die gut zurechtkommen. Bei näherer Betrachtung jedoch wird ein anderes, darunterliegendes Muster erkennbar. Auf hunderterlei Weise behandeln sich Messies Tag für Tag wie Menschen zweiter Klasse, und zwar aufgrund ihrer Art zu denken.

Bei Messies spielt sich ein Großteil des Lebens in ihren Gedanken ab, und deshalb finden sie die alltäglichen Kleinigkeiten des Lebens eher lästig. Die Folge ist, daß sie sich mit tropfenden Wasserhähnen und kaputtem Werkzeug abfinden, weil es einfach zuviel Aufwand ist, die Sachen zu reparieren. Sie finden sich damit ab, daß an wichtigen Stellen in ihren Wohnungen keine Beleuchtung vorhanden und es immer zu dunkel ist, weil die Behebung des Problems aufwendiger ist, als weiterhin mit der Unannehmlichkeit zu leben. Andererseits haben Messies immer die besten Absichten. Sie bewahren alte Klamotten auf und sind davon überzeugt, daß sie sie irgendwann flicken oder ändern werden. Sie haben einen ungeheuren Vorrat an Glückwunsch- und Grußkarten, aber sie kommen nie dazu, sie auch zu schreiben und abzuschicken.

Messies sind vergeßlich, und deshalb bewahren sie ihre Sachen so auf, daß sie sie immer im Blick haben. Sie wissen, daß sie sie mit Sicherheit vergessen werden, wenn sie die Sachen irgendwo verstauen. Sie putzen sich die Nase mit Toilettenpapier statt mit Tempos, weil sie immer wieder vergessen, Papiertaschentücher zu kaufen.

Messies sind in gewisser Weise sogar Perfektionisten. Sie leben in Unordnung und Chaos, weil sie nie genug Zeit haben, all die Dinge ihren hochgesteckten Maßstäben entsprechend zu erledigen. Messies sind aber auch spontane Menschen. Wenn sie in letzter Minute beschließen, etwas ganz Besonderes zu backen, dann haben sie fast nie alle nötigen Zutaten zur Hand.

Messies sind ungeduldig. Deshalb lassen sie Salz, Pfeffer und Zucker in den Packungen, in denen sie gekauft wurden, weil das Umfüllen in Salz- und Pfefferstreuer oder einen Zuckertopf einfach zuviel Zeit kostet.

Auf vielerlei Weise kommen Messies »ohne« aus. Messies bleiben gern bei althergebrachten Methoden und kommen gern ohne moderne Hilfsmittel und ohne Vorräte aus.

Im Leben jedes Menschen gibt es sowohl dunkle als auch helle Stellen, Schwächen und Stärken.
Es ist die Kombination von beidem, die uns einzigartig macht.

In Anbetracht der Tatsache, daß Messies sich all die Dinge, die das Leben schöner und bequemer gestalten, nicht zugestehen, ist es auch nicht weiter verwunderlich, wenn sie sich den Sitzplatz auf dem Sofa nicht gönnen, weil es mit allem möglichen Krempel belegt ist. Und sie gestehen sich selbst nicht die angenehme Gesellschaft netter Menschen zu, weil es unmöglich ist, Gäste in ein Haus zu bitten, das dermaßen unaufgeräumt und chaotisch ist. Manchmal schlafen sie sogar auf dem Fußboden, weil sich auf dem Bett die Kleidungsstücke türmen, die beim Anziehen am Morgen zur Seite geworfen und nicht wieder weggeräumt wurden.

Aber Messies sind es gewohnt, sich selbst Dinge und Bequemlichkeiten zu verweigern. Sie leben mit Provisorien, statt das Problem zu erkennen und zu analysieren. Viele sind sogar stolz auf ihre Perfektion im Erfinden und Ertragen von Provisorien. Es gefällt ihnen zu zeigen, wie sie ohne die angenehmen Dinge zurechtkommen, die Menschen mit Stolz und Würde sich selbst erlauben und gönnen.

Letztlich gestehen sich Messies ein heiteres, gelassenes, schönes Leben nämlich nicht zu. Sie beleidigen sich selbst so regelmäßig durch schlechte oder fehlende Organisation, daß es ihnen schon gar nicht mehr bewußt ist. Ein chaotisches Haus ist nur ein Teil des Gesamtbildes eines Menschen, der sich ständig selbst mißhandelt. Äußerliche Unordnung ist nur die Spitze eines großen Eisberges. Das Problem liegt darunter.

Der erste Schritt

Um dieses Muster, sich bestimmte Dinge nicht zuzugestehen, zu durchbrechen, muß der Messie als erstes damit aufhören, *gegen sich selbst zu kämpfen*. Wenn wir wütend auf uns selbst sind und ständig gegen unliebsame Wesenszüge ankämpfen, dann geben wir diesen Zügen dadurch nur neue Energie zum Fortbestehen. Fans der Fernsehserie »Raumschiff Enterprise« erinnern sich vielleicht an eine Folge, in der Mr. Spock und Captain Kirk von einem Kraftfeld eingeschlossen waren, das sie daran hinderte, dem in Schwierigkeiten geratenen Dr. McCoy zu Hilfe zu eilen. Je mehr sie sich bemühten, aus dem Kraftfeld herauszukommen, desto stärker wurde es, weil es nämlich seine Kraft aus der Energie bezog, die die beiden Männer für ihren Kampf einsetzten. Als Mr. Spock das erkannte und aufhörte, dagegen anzukämpfen, verlor das Kraftfeld seine Macht, sie zurückzuhalten.

Uns geht es genau wie Mr. Spock: Je mehr wir gegen die hindernde Kraft ankämpfen, desto stärker wird sie. Erst wenn wir uns selbst mit unseren Gewohnheiten bejahen, *so wie wir sind*, können wir die negativen Kräfte überwinden.

Es kann sein, daß Sie wütend werden auf sich selbst, auf Ihr Haus, auf Ihre Gedanken, die Sie in diese Klemme gebracht haben. Kämpfen Sie nicht gegen diese Wut an, denn auch sie ist Teil dieses

Bildes und muß akzeptiert werden. Und die Wut wird vorübergehen. Im allgemeinen hält sie nicht sehr lange an. Wenn sie ihre Aufgabe erfüllt hat, dann können wir wieder zur Selbstannahme zurückkehren.

Ich kann gar nicht stark genug betonen, wie wichtig diese Selbstannahme ist. Wir alle sind Menschen mit Würde. Wir mögen Schönheit und Ordnung. Wir sind Schönheit und Ordnung wert.

Zig Ziglar berichtet von einem Rembrandtgemälde, das für über eine Million Dollar verkauft wurde. Ziglar fragte sich, warum der Preis dermaßen hoch war. War die Farbe so teuer? Kostete die Leinwand so viel? Natürlich nicht. Das Bild hatte aus zwei Gründen einen so hohen Wert:

a) Es war von einem Meister gemalt worden.

b) Es war einmalig.

Bei dieser Begebenheit muß ich an unseren eigenen Wert denken. Das Bild von uns hat Schatten und Glanzpunkte, es wurde von einem Meister gemalt, der »alles sehr gut« macht, der sowohl den gehenden als auch den fliegenden Albatros zu einem Teil von uns gemacht hat. Wir sind wunderbar, weil wir von seiner Hand gemacht sind.

Wie das besagte Bild von Rembrandt sind auch wir einzigartig. Kein anderer Mensch hat genau das gleiche Äußere, die gleichen Stärken und Schwächen, die gleichen Schatten und Glanzlichter. Auf den Bildern von Rembrandt gibt es eine Menge Schatten. Im Leben jedes Menschen gibt es eine Menge Schatten, aber auch helle Stellen, Stärken und Schwächen. Es ist die Kombination von beidem, die uns einzigartig macht.

Warum nicht?

Manchmal werde ich in einem Rundfunkinterview oder in einer Talk-Show gefragt, warum Menschen sich so viele Gedanken darüber machen, wie sie ihr Haus in Ordnung bringen können, warum es überhaupt wichtig sei, Ordnung zu halten. Meine Antwort auf diese Frage ist eine Gegenfrage: »Warum nicht?«

Warum kein Haus haben, das einen beim Betreten zum Näherkommen und Bleiben einlädt? Warum nicht zu den Menschen gehören, die spontan Besuch zu sich nach Hause einladen können? Warum nicht die Frau sein, zu der andere sagen: »Sie haben es aber schön hier!« Warum nicht einmal Gäste zum Essen einladen, ohne sich vorher fast umzubringen, um rechtzeitig mit der Aufräum- und Putzaktion und mit allem anderen fertig zu sein? Warum nicht in einem Haus wohnen, das so eingerichtet und ausgestaltet ist, wie es einem gefällt? Warum nicht in einer Umgebung leben, die den Frieden Gottes widerspiegelt, so daß andere gern kommen und etwas über ihn erfahren möchten? Warum kein Haus haben, in dem man beten und lesen kann, ohne ein schlechtes Gewissen zu haben, daß man die kostbare Zeit nicht zum Putzen nutzt?

Kampf dem Chaos

1. Ich bitte Sie, alles aufzuzählen, was Sie in Ihrem Haushalt nicht haben oder aus Gründen der Bescheidenheit oder Genügsamkeit sich nicht zugestehen.

a.

b.

c.

2. Wenn Geld bei Ihnen keine Rolle spielte, welche Dinge im Haus und drum herum würden Sie verbessern oder verschönern? Was von den Dingen, die Sie sich bisher vorenthalten haben, würden Sie kaufen? Schreiben Sie sie auf, und fügen Sie weitere hinzu, wenn Ihnen noch mehr gewünschte Veränderungen einfallen.

a.

b.

c.

3. Zählen Sie jetzt Ihre Eigenschaften auf – die des watschelnden und die des fliegenden Albatros in Ihnen –, die Sie in der Kombination zu einer einzigartigen Person machen.

a. (fliegender A.)

b. (fliegender A.)

c. (fliegender A.)

d. (watschelnder A.)

e. (watschelnder A.)

f. (watschelnder A.)

4. Was sind Ihrer Ansicht nach die Gründe dafür, daß Messies sich selbst verleugnen?

a.

b.

c.

d.

2

WARUM UNORDNUNG

Sammeln und aufbewahren

»Wenn du es nicht mehr haben willst, dann gib es doch Susanne, die nimmt alles.«

Das stimmt. Susanne haßt Verschwendung, und sie ist ganz sicher, daß sie für alle Dinge Verwendung hat, jedenfalls irgendwann mal. Deshalb ist jede freie Ecke in ihrem Haus vollgestopft mit Kram, den keiner haben will. Susanne ist sich selbst auch nicht so sicher, ob sie die Sachen wirklich will, aber sie traut sich nicht, sie wegzuwerfen. Sie ist sicher, daß sie, wenn sie etwas wegwirft, die betreffende Sache am nächsten Tag brauchen wird. Außerdem ist es ohnehin zu spät, jetzt die Angebote von all den Leuten abzulehnen. Sie könnten dann denken, sie sei undankbar. Aber was kann ein Sammler tun? Ein größeres Haus kaufen?

Susannes Sammelbesessenheit entspringt ihrem Wunsch, stets das griffbereit zu haben, was sie selber oder jemand anders jemals benötigen könnte. Diese Veranlagung ist gar nicht so selten, aber sie ist nur eine der vielen Denkweisen, die zu unkontrolliertem Sammeln und Horten führen.

Messies haben reale Gründe für ihr Handeln, und sie vertreten sie auch vehement. Messies sind im allgemeinen intelligente, logisch denkende Menschen. Auch wenn ihnen vielleicht ihre Desorganisation und deren negativen Folgen nicht gefallen, so stimmen die Dinge, die sie tun, doch mit ihrer Denkweise überein.

Messies haben auf drei Gebieten Schwierigkeiten: Sie bewahren zu viele Sachen auf, sie räumen nichts weg, und sie vergeuden Zeit. Wenn wir in den nächsten drei Kapiteln diese Bereiche einmal näher betrachten, dann kennzeichnen Sie bitte die Denkmuster, in denen Sie sich wiederfinden, mit einem Kreuzchen.

Aufbewahren

☐ **1. Knappheit**

Messies leben immer am Rande der nächsten großen Wirtschaftskrise. Ein Artikel über »Hamstern« in der Zeitschrift »Psychologie heute« bestätigt, daß Menschen, die viel aufbewahren, gar nicht diejenigen sind, die die großen Wirtschaftskrisen miterlebt haben. Menschen, die immer im Wohlstand gelebt haben, horten Dinge, weil sie gefühlsmäßig, nicht vom Verstand her, die Befürchtung haben, daß sie auf lange Sicht gesehen nicht genug haben werden.

Spielt dieser Faktor in Ihrem Denken eine Rolle?

☐ **2. Hobby**

Viele Leute lieben das Sparen so sehr, daß sie sich darauf spezialisieren. Reiche Leute tun das, indem sie Kunst oder andere kostbare Dinge sammeln, aber auch Leute mit normalem Einkommen sammeln gern. Sie sammeln Flaschen, Antiquitäten, Nippes usw. Dadurch haben sie etwas, worüber sie reden können, etwas, womit sie sich in den Ferien beschäftigen können und wodurch sie Kontakt zu anderen Menschen bekommen, die sie sonst vielleicht nicht kennenlernen würden. Messies sammeln zu viele verschiedene Sachen, und sie sammeln oft auch einfach Müll. Sie sind Hamster.

Hat Ihre Sammelleidenschaft negative Auswirkungen auf Ihren Haushalt?

☐ **3. Sicherheit**
Manche Messies finden es tröstlich, viele Dinge zu besitzen. Sie fühlen sich einfach besser, wenn sie Kästen, Flaschen, Zettel, Kleidung und Nahrungsmittel im Haus haben. Vielleicht ist das Chaos auch so groß, weil es sie einfach beruhigt, daß viele Exemplare derselben Sache vorhanden sind, damit sie wenigstens eines davon finden, wenn sie es brauchen.

Vermittelt Ihnen das Vorhandensein vieler Dinge eine gewisse Sicherheit?

☐ **4. Außergewöhnliche Dinge**
Manche Dinge sind so außergewöhnlich, daß wir schließen: »Wenn ich diese Butterschale in Hasenform nicht kaufe, finde ich nie wieder so eine. Wenn ich jemals eine möchte, dann muß ich *jetzt diese* kaufen.«

Haben Sie so etwas oder etwas Ähnliches schon mal gedacht oder getan?

☐ **5. Schuldgefühle**
Benjamin Franklin, Präsident der Vereinigten Staaten, hat viel getan, um zum Sparen zu motivieren. Poor Richard's Almanach (Almanach des Armen Richard) enthält viele Sprüche und Merksätze zu diesem Thema. Seine Ermahnungen haben uns Amerikaner die letzten Jahrhunderte hindurch begleitet. Übertriebene Verschwendung ist ganz bestimmt nichts Gutes, aber das gilt auch für übertriebenes Sparen und Aufbewahren. (Allerdings hat darüber noch nie jemand einen Merksatz verfaßt.)

Auf welchen Sprüchen und Merksätzen bauen Sie Ihr Leben auf? Zwei, die auf unsere Situation anwendbar sind, lauten: »Spare bei der Zeit, dann hast du in der Not« und »Wer den Pfennig nicht ehrt, ist des Talers nicht wert«. Welche weiteren Sprichwörter kennen Sie? Stellen Sie den Hintergrund Ihrer übertriebenen Sammelleidenschaft dar?

Haben Sie manchmal Schuldgefühle, wenn Sie Sachen wegwerfen oder weggeben?

Verschwendung ist ganz bestimmt nichts Gutes, aber dasselbe gilt auch für übertriebenes Sparen und Aufbewahren. (Allerdings hat darüber noch nie jemand einen Merksatz verfaßt.)

☐ 6. Schnäppchen

Die Kaminuhr war ein Schnäppchen, das sie sich nicht einfach entgehen lassen konnte. Nur ein Idiot hätte da nicht zugegriffen. Allerdings besaß sie gar keinen Kamin – oder irgendeinen anderen Platz, wo sie das gute Stück hätte aufstellen können.

Kaufen Sie manchmal Dinge, die Sie gar nicht brauchen, nur weil sie so günstig sind?

☐ 7. Dankbarkeit

Es kann sich hierbei um Geburtstags- oder Hochzeitsgeschenke von Verwandten handeln oder auch einfach um irgendwelche Secondhanddinge von irgendwelchen Freunden, aber sie haben einige Dinge gemeinsam: Sie sind umsonst, wir haben sie schließlich geschenkt bekommen, und wir bringen sie in Verbindung mit jemandem, den wir mögen oder der/die uns etwas bedeutet. Das macht es uns unmöglich, uns von diesen Sachen zu trennen. Sie sprechen unsere Sparsamkeit, unser Pflichtgefühl und unsere sentimentale Ader an. Wir haben das Gefühl, diese Sachen annehmen zu *müssen* und, was noch schlimmer ist, sie auch zu *behalten*.

Fällt es Ihnen schwer, sich von nutzlosen Geschenken zu trennen?

☐ 8. Sentimentalität

Messies haben Angst, die Vergangenheit zu vergessen. Viele von ihnen haben ein schlechtes Gedächtnis. Sie brauchen Gegenstände mit Erinnerungswert; sie müssen sie vor Augen haben, um sie lebendig zu erhalten. Messies fotografieren ständig, um die Gegenwart für die Zukunft zu erhalten.

Sammeln Sie, um die Vergangenheit lebendig zu erhalten?

☐ **9. Anthropomorphismus**
Nur Messies können das Gefühl nachvollziehen, daß Dinge (Gegenstände) ein Eigenleben haben. Das »Leben« der Dinge ist eigentlich ein Teil des Lebens seines Besitzers. Wenn ich mich von etwas trenne, das mir bedeutungsvoll war, dann habe ich das Gefühl, als würde ich mich damit von einem Teil von mir selbst trennen. Schlimmer noch, wenn ich mich von etwas trenne, das einem Menschen gehört hat, der mir wichtig war, dann habe ich das Gefühl, einen Teil dieses Menschen wegzuwerfen und die Erinnerung an ihn zu verleugnen. Als der Zeitpunkt gekommen war, mein letztes Umstandskleid wegzugeben, legte ich es jeden Tag auf mein Bett, um es in seiner ganzen Pracht betrachten zu können. Ich brauchte das, um mich an den Gedanken zu gewöhnen, daß es aus dem Haus gehen würde. Ich hielt dieses Ritual – ehrlich gesagt – auch für nötig, um das Kleid an den Gedanken zu gewöhnen, daß es uns verlassen mußte. Wenn Messies sich von etwas trennen, dann meinen sie oft, ein gutes neues Zuhause dafür finden und noch einmal nachschauen zu müssen, ob es dem betreffenden Gegenstand dort gutgeht. (Weil das aber nicht ganz einfach ist, beschließen wir gelegentlich, die Sache doch lieber zu behalten.)

Haben Sie manchmal den Eindruck, daß Dinge Gefühle haben?

☐ **10. Angst**
Es stimmt zwar, daß jeder von uns Belege für die Steuererklärung sammeln muß. Es ist aber auch so, daß, wenn wir all den Kram aufbewahren, den wir nicht wegzuwerfen wagen, wir auch die Einkommenssteuerformulare nicht mehr wiederfinden, geschweige denn die dazugehörigen Belege. Wir haben Angst, daß wir alle Belege irgendwann einmal unbedingt brauchen; für das Kreditkarteninstitut, für die Elektrizitätswerke oder für das Kaufhaus. Natürlich ist es gut, manche Papiere parat zu haben, wenn wir sie brauchen. Aber die unbegründete Angst, die uns dazu veranlaßt, *zu viele* Sachen zu behalten und aufzubewahren, ist ein größeres Problem, als *zu wenig* aufzubewahren.

Gehören Sie zu den Menschen, die alle Belege aufbewahren aus Angst, sie irgendwann einmal irgendwo vorlegen zu müssen? Und haben Sie solche Belege schon jemals gebraucht?

☐ 11. Aufschieben

Manche Messies schieben es immer wieder auf, sich von Dingen zu trennen, wenn aktives Handeln an der Tagesordnung ist. Jeden Tag bringt der Briefträger den Messies einen neuen Stapel von Problemen. Sie wollen die Rechnungen erst dann bezahlen, wenn sie fällig sind, deshalb stapeln sie sie erst einmal. Sie wollen sich im Augenblick nicht mit der Werbepost befassen, und deshalb lassen sie sie erst einmal ungeöffnet liegen. Sie wollen die Zeitschrift erst dann lesen, wenn sie wirklich Ruhe und Muße dazu haben, also bewahren sie sie auf. Schon nach ein paar Tagen haben sie eine prallvolle Ablage mit Lesematerial. Und wenn das der Fall ist, dann stapeln sie eben mehrere Ablagekästen aufeinander.

(Ein Messie dieser Kategorie vertraute mir einmal an, daß sie sich den Ausbruch eines Feuers wünsche, um den ganzen Kram loszuwerden. Auf diese Weise könnte sie dann wenigstens Gott die Schuld dafür geben, daß manche Dinge nie erledigt würden, und bräuchte sich nicht selbst schuldig zu fühlen.)

Bewirkt das Aufschieben von Dingen in Ihrem Leben Unordnung?

☐ 12. Wert

Es ist nicht richtig, Sachen wegzuwerfen, die wertvoll sind. Bücher und Zeitschriften enthalten wertvolle Gedanken und Anregungen. Der Stift hat mehr Macht als das Schwert. Messies glauben, daß sie durch Gedrucktes Macht haben. Es ist ihnen egal, daß manche der Bücher alt und längst überholt sind, und es stört sie auch nicht, daß die meisten Bücher irgendwo verstaut werden müssen, und sie dann gar nicht mehr wissen, wo sie eigentlich sind, ja daß sie sich auch gar nicht mehr richtig erinnern können, was überhaupt in den Büchern stand. Der Wert dieser Bücher besteht eher in ihrer Vorstellung als in der Realität.

Messies haben eine unglaubliche Hoffnung, wenn es um den zukünftigen Wert von Dingen geht. Sie hoffen inbrünstig, daß irgendein sonderbares Teil irgendwann einmal sehr wertvoll sein wird. Sie stellen sich sogar schon die abenteuerlichsten Geschichten vor, die die Nachbarn ihren Kindern erzählen werden, wenn es soweit ist. »Siehst du das Haus da drüben? Die Leute, die da gewohnt haben, bewahrten immer alles auf. Eines Tages stieß der Besitzer in seinem Keller auf die Erstausgabe eines Superman-Comics. Das Ding hat ihm auf einer Versteigerung eine Million Dollar eingebracht! Inzwischen ist er weggezogen und lebt jetzt irgendwo in einer großen Villa. Er war damals arm wie eine Kirchenmaus, aber jetzt hat er ausgesorgt. Ich wünschte, ich wäre so klug gewesen wie er und hätte alles aufbewahrt, was mir je in die Finger gekommen ist.«

Viele Leute sammeln aus diesem Grund, andere kaufen sich deshalb Lotterielose. Sie hoffen, eines Tages auf einen Schlag reich zu werden.

Gehören Sie auch zu dieser Sorte von Sammlern, die glauben, daß irgendeine Sache, die sie aufbewahren, eines Tages sehr wertvoll sein wird? Sind die Sachen, die Sie sammeln, der Mühe wert, mit ihnen zu leben?

□ 13. Nachwelt

Es ist ein große Versuchung, Dinge für die Enkelkinder aufzubewahren. »Heute gibt es kein so schönes Spielzeug mehr wie das, was ich damals meinen Kindern gekauft habe. Wie schön für den kleinen Jens, daß er jetzt mit dem Trecker spielen kann, mit dem schon sein Vater gespielt hat.« Und so weiter.

Sammeln Sie für die Nachwelt?

□ 14. Übermutter

Aus Gründen, auf die wir an anderer Stelle noch näher eingehen werden, fühlen sich Messies für das Wohlbefinden der ganzen Welt verantwortlich. Wenn niemand in der ganzen Nachbarschaft hat, was gerade gebraucht wird, dann meinen wir, daß die Menschen *zu uns* kommen und es *von uns* bekommen sollen. Wir sammeln alte Kataloge nur für den Fall, daß ein Nachbarskind Ausschneidemotive für den Kunstunterricht braucht. Der Junge, der für sein Bastelprojekt Sperrholz braucht, findet es natürlich bei uns. Warum haben die Familien dieser Kinder nie das, was die Kinder brauchen? Weil sie ihren Kindern ein aufgeräumtes und übersichtliches Zuhause bieten wollen, damit den Kindern das Durcheinander erspart bleibt, das sie bei uns zu Hause vorfinden.

Glauben Sie, daß Sie zu denen gehören, die etwas haben müssen, um es anderen geben zu können?

☐ 15. Gewohnheit

Wir haben uns so sehr daran gewöhnt, Sachen aufzubewahren, daß wir schon gar keine Auswahl mehr treffen. Wenn jemand uns ein Flugblatt unter den Scheibenwischer klemmt, dann behalten wir es. Wenn wir einen Gutschein mit der Post zugeschickt bekommen, behalten wir ihn. Die Kinder bringen Zeug mit aus der Schule. Wenn wir einen Brief bekommen, behalten wir sogar den leeren Umschlag. Mit nur wenigen Ausnahmen behalten und bewahren wir alles, was uns in die Finger kommt. Das ist einfach unser Lebensstil.

Behalten Sie Sachen, ohne darüber nachzudenken, ob Sie sie wirklich brauchen?

☐ 16. Kreativität

Wer sich selbst als kreativ betrachtet, möchte auch gern schöpferische Verwendungen für Müll und Schrott finden. Sie schneiden beispielsweise eine Weichspülerflasche ab und bewahren darin Wäscheklammern auf, oder Sie schneiden die Füße einer kaputten Strumpfhose ab und füllen sie mit Seifenflocken zum Baden. Sie sammeln auch Sachen, für die Sie momentan keine Verwendung haben, nur für den Fall, daß Ihnen dafür eine Verwendung einfallen *könnte*. Sie wissen zwar nicht, was Sie mit all den leeren Margarinetöpfen machen sollen, aber sie sind einfach »zu schade zum Wegwerfen«.

Ich habe mich einmal dabei erwischt, wie ich die Metallbügel aus einem alten BH herauszog, um sie anzumalen und Tannenbaumschmuck daraus zu machen . . . Mehr brauche ich dazu sicher nicht zu sagen.

Haben Sie auch diesen kreativen Drang, aus allem etwas zu machen?

☐ 17. Rebellion

Wenn jemals in Ihrer Kindheit Sachen weggeworfen wurden, die Ihnen gehörten, dann behalten Sie vielleicht jetzt alles, nur um zu demonstrieren, daß Sie es sind, die/der entscheidet, was Sie besitzen wollen und was nicht. Wenn das so ist, dann werden Sie um so eiserner an Ihren Sachen festhalten, je drängender Ihr Mann oder Ihre Mutter Sie dazu auffordern, sich von ihnen zu trennen.

Sind Sie ein Sammler aus Rebellion?

☐ 18. Befriedigung

Manche Menschen versuchen aus den Dingen, die ihnen gehören, etwas zu beziehen, was Dinge niemals geben können. Weil sie unausgefüllt sind und unbefriedigt, sammeln sie immer mehr Zeug in der Hoffnung, dadurch eines Tages Befriedigung zu erlangen. Aber das geschieht nie! Betrachten Sie das Wort *erfüllt* einmal genauer. Diese Leute meinen, daß sie erfüllt sein werden, wenn sie vollgestopft sind mit Sachen. Dies ist aber ein Irrtum, denn ihr Bedürfnis ist eigentlich ein anderes.

Suchen Sie in den Dingen, die Sie aufbewahren, Befriedigung?

☐ 19. Feiertage

Die Feiertage sind immer Zeiten, in denen man zu Übertreibungen neigt. Die Leute essen zuviel, kaufen zuviel und arbeiten zuviel. Deshalb ist es kaum verwunderlich, daß Leute um die Feiertage herum auch zuviel sammeln. Die Geschäfte sind voller Dekorationsartikel, und man versucht, uns davon zu überzeugen, daß wir jedes einzelne Teil unbedingt brauchen. Sammler sagen sich dann, daß sie die Sachen ja später an die Enkel weitervererben können, wenn es zuviel wird. Besonders sentimentale Messies können dieser Art des Sammelns kaum widerstehen.

Übertreiben Sie auch, wenn Sie für die Feiertage einkaufen?

Kampf dem Chaos

1. Zählen Sie von den genannten Punkten diejenigen auf, die Sie dazu anregen können, zuviel aufzubewahren oder zu sammeln. Fügen Sie auch nichtgenannte hinzu, die Ihnen beim Lesen eingefallen sind.

a.

b.

c.

d.

2. Nennen Sie Beispiele dafür, wie sich das negativ auf Sie auswirkt.

a.

b.

c.

d.

3

WARUM UNORDNUNG

Liegenlassen

Conny hinterläßt Kleiderhaufen im ganzen Haus. Früher machte sie damit ihre Mutter verrückt, später ihre Mitbewohnerinnen in der Studentenbude, und jetzt hat ihr Mann darunter zu leiden. Alle fragen sich immer wieder erstaunt, wie sie es schafft, so gut auszusehen, wenn sie aus dem Haus geht. Sie können nicht verstehen, warum sie nicht immer so aussieht, als ob sie gerade dem Schmutzwäschekorb entstiegen wäre.

Aber hinter Connys Wahnsinn steckt Methode. Was niemand versteht, ist nämlich, daß es gerade die Klamottenberge sind, die *verhindern*, daß sie schlampig aussieht. Es ist ihre Art, ihre Garderobe zu ordnen. Weil sie zum Perfektionismus neigt, kann sie den Gedanken nicht ertragen, bereits getragene Kleidungsstücke wieder in den Schrank zu legen oder zu hängen, wo sie dann die anderen Sachen beschmuddeln könnten. Aber sie tut diese Sachen auch nicht in die Wäsche, weil sie ja vielleicht das eine oder andere Teil doch noch einmal anziehen könnte, bevor sie es wäscht. Für Conny funktionieren diese Haufen also gut. Alles, was auf einem

Haufen liegt, kann noch einmal angezogen werden, und wenn sie dann waschen will, nimmt sie einfach die Haufen und bringt sie in den Waschkeller.

Natürlich gibt es für Connys Problem vernünftigere Lösungen, aber weil niemand versteht, wie sie denkt, kann ihr auch niemand helfen. Und natürlich gibt es noch viele Gründe mehr, weshalb Menschen ihre Umgebung in Unordnung versetzen:

☐ **1. Schlechtes Gedächtnis**

Leute mit einem schlechten Gedächtnis haben Angst, Sachen wegzuräumen, weil sie vergessen könnten, wo sie sie hingelegt haben oder daß sie sie überhaupt besitzen.

☐ **2. Kein Platz, um Sachen wegzuräumen**

Das Haus ist klein, der Stauraum knapp, und wo Platz ist, liegt schon viel zuviel Zeug. Kurz: Der Kram liegt im ganzen Haus herum, weil es einfach zuviel davon gibt. Es fällt Messies schwer herauszufinden, welche Hilfsmittel sie zur Aufbewahrung von Dingen brauchen. Sie denken einfach nicht daran, Dinge wie Schränke und Regale zu kaufen. Deshalb haben sie auch keinen Platz, um Dinge unterzubringen.

☐ **3. Energie sparen**

Messies glauben an Rationalisierung nach Art des Fließbandes. Sie räumen nicht eine einzelne Kleinigkeit weg, sondern warten damit, bis sich ein kleiner (oder auch größerer) Haufen angesammelt hat. Dann sortieren sie die Dinge in Ähnlichkeitsgruppen und räumen alles zusammen weg. Bis zu dem Zeitpunkt, wo sie das Fließband endlich in Gang setzen, herrscht im Haus das Chaos.

☐ **4. Sich Menschen vom Hals halten**

Ein chaotisches Haus ist ein Grund, Menschen fernzuhalten. Wenn unser Haus zu unordentlich ist, um Gäste zu haben, dann haben wir einen Grund, keine Besucher zu empfangen, die uns ja doch nur unsere Zeit stehlen.

☐ **5. Ästhetik**
Wir wollen all die schönen Sachen, die wir haben, auch ansehen. Wieso sollten wir sie dann wegräumen?

> Messies glauben an Rationalisierung nach Fließbandart. Aber bis zu dem Zeitpunkt, wo sie das Band endlich einschalten, herrscht im Haus bereits das Chaos.

☐ **6. Ablenkung**
Ein Mensch, der leicht abzulenken ist, beginnt eine Sache, unterbricht sie und läßt die halb erledigte Aufgabe liegen. Er legt etwas ab und erinnert sich nicht mehr daran, wo er es abgelegt hat. Er möchte irgend etwas wegräumen, aber dann kommt etwas dazwischen. Ablenkbarkeit ist ein Faktor, der sehr wesentlich zur Unordnung beiträgt.

☐ **7. Identifikation**
Ein Messie zu sein, hat auch Vorteile. Einer davon ist, daß es einen zu etwas Besonderem macht. Wir können Witze machen über Unordnung, und andere können uns damit necken. Wir reden uns ein, daß es ein höherstehender Lebensstil ist, unordentlich zu sein. Es ist Teil unseres Selbstbildes. Manche von uns haben Schilder irgendwo auf dem Schreibtisch (meistens allerdings unter Papierbergen vergraben), auf denen steht: »Nur das Genie beherrscht das Chaos.«

☐ **8. Rollen in der Beziehung**
In manchen Beziehungen spielt Unordnung eine wichtige Rolle. Die unordentliche Person nimmt die Rolle des Kindes ein, auch wenn sie schon längst erwachsen ist. Die Mutter, Schwiegermutter, der Ehemann oder die Mitbewohnerin übernimmt den Elternpart. Die unordentliche Person und der »Elternteil« begründen einen Teil ihrer Beziehung auf der Unordnung des einen. Der El-

ternteil befaßt sich ständig mit dem »Kind«, das »Kind« rebelliert oder ist einsichtig oder beides. Eine solche Beziehung ist zwar negativ, aber es ist eine, in der sich beide Beteiligten zurechtfinden und auskennen. Wenn die unordentliche Person sich morgen ändern würde, wie würden sie sich dann zueinander verhalten?

☐ **9. Aufmerksamkeit auf sich ziehen**
Manchmal erhält der Lebensstil der Unordnung viel erwünschte Aufmerksamkeit. Wohlmeinende Freunde helfen beim Putzen und machen Verbesserungsvorschläge für die Haushaltsführung. All diese Aufmerksamkeit wäre dahin, wenn es keine Unordnung mehr gäbe.

Kampf dem Chaos

Zählen Sie die Faktoren aus der aufgezählten Liste auf, die zu Ihrer Gewohnheit des Unordnungmachens beitragen. Fügen Sie weitere hinzu, die Ihnen beim Lesen eingefallen sind. Nennen Sie Beispiele, wie sich diese Dinge negativ auf Ihr Leben auswirken.

1.

2.

3.

4.

4

WARUM UNORDNUNG

Zeit verschwenden

Wie die meisten Messies ist Elke ein optimistischer Mensch. Einer der Gründe für ihren Optimismus ist ihr völlig unterentwickeltes Zeitgefühl. Sie unterschätzt immer die Zeit, die sie für eine bestimmte Sache benötigt. Seit zwanzig Jahren braucht sie morgens eine Stunde, um sich für die Arbeit fertigzumachen. Trotzdem denkt sie jeden Morgen wieder, optimistisch wie sie ist, daß sie es in einer Dreiviertelstunde schaffen kann, »wenn ich mich ein bißchen beeile«. Also schläft sie eine Viertelstunde länger. Aber seit zwanzig Jahren kommt sie jeden Morgen eine Viertelstunde zu spät zur Arbeit. Deshalb hat sie auch nie Zeit, das Frühstücksgeschirr in den Geschirrspüler zu stellen, das Badezimmer aufzuräumen oder die Kleidungsstücke wieder wegzuräumen, die sie beim Anziehen zur Seite geworfen hat.

☐ **1. Schlechtes Zeitgefühl**

Viele Messies haben kein Gefühl dafür, wieviel Zeit man für bestimmte Tätigkeiten braucht. Wenn sie sich bereit erklären, eine bestimmte Aufgabe zu übernehmen, merken sie nicht, daß es nach menschlichem Ermessen unmöglich ist, die betreffende Aufgabe in der von ihnen einkalkulierten Zeit zu bewältigen. Manche tragen nicht einmal eine Uhr. Sie interessieren sich gar nicht für einen Zeitplan, sondern nur für das, was sie im Augenblick gerade tun. Wenn sie außerdem noch leicht abzulenken sind, merken sie nicht, wie die Zeit vergeht. Die ständig falsche Zeiteinschätzung ist ein typisches Merkmal der Denkweise von Messies.

☐ 2. Überheblichkeit

Wichtige Leute sind stets beschäftigte Leute. Sie packen sich ihren Terminkalender so voll, um sich selber ihre Wichtigkeit zu bestätigen. Manchmal bringen Leute sich buchstäblich durch die Vorstellung um, daß sie sehr wichtige Leute sind mit sehr wichtigen Aufgaben. Ein Geistlicher, der schon mehrere Herzinfarkte gehabt hatte, aber nicht daran dachte, kräftemäßig etwas kürzerzutreten, sondern auch weiterhin auf Hochtouren arbeitete, sagte zu seinen Studenten am Seminar, daß er »für Gott ausbrenne«. Der Stolz, mit dem er das sagte, warf bei den Studenten die Frage auf, ob er nicht eher für sein eigenes Ego ausbrannte als für Gott.

☐ 3. Fehlende Eigenverantwortung

Manche Leute sind abhängig von dem Rat anderer. Sie planen oder entscheiden kaum etwas von sich aus. Statt dessen schwimmen sie mit dem Strom, indem sie sich von Eltern, Ehepartnern, Kindern oder von Gott sagen lassen, was sie tun sollen. Das führt in der Regel zum Chaos, weil alle sehr unterschiedliche Vorstellungen haben.

Eines der Lieblingsthemen von C. S. Lewis ist, daß nur faule Menschen schwer arbeiten müssen. Die fehlende Bereitschaft, uns Prioritäten zu setzen und uns diesbezüglich zu entscheiden, ist eine Form von Faulheit, von Bequemlichkeit. Man gerät dadurch in Hektik, weil man immer versucht, all die Anforderungen zu erfüllen, denen man gedankenlos Tür und Tor geöffnet hat.

Wir sind selbst verantwortlich für das, was wir tun, und müssen selbst Entscheidungen treffen, Pläne entwerfen und uns daran halten. Gott nimmt uns diese Arbeit nicht ab.

Nur faule Menschen arbeiten schwer.

Auf das Erkennen kommt es an

Wenn wir erkennen, daß wir zu viele Sachen aufbewahren, daß wir alles mögliche herumliegen lassen und daß wir uns unsere Zeit schlecht planen, dann ist das der erste Schritt zur Veränderung. Nur wenn wir wissen, durch welche Art des Denkens unser Handeln bestimmt ist, können wir anfangen, dagegen anzusteuern. Um unser Verhalten zu ändern, müssen wir aber unser Denken verändern.

Im Zirkus haben Sie vielleicht schon einmal einen tonnenschweren Elefanten gesehen, der mit einem ganz dünnen Strick an einem kleinen Stöckchen festgebunden war. Mit seiner großen Kraft wäre es ein leichtes für ihn, den Stock aus dem Boden zu ziehen oder das Seil zu zerreißen, aber er weiß nicht, daß er das kann. Als Elefantenjunges war er fest an einen unverrückbaren Gegenstand angebunden gewesen. Er hatte immer wieder erfolglos versucht, sich loszureißen, und war schließlich zu der Überzeugung gekommen, daß festgebundene Elefanten sich nicht losreißen können. Er gab seine Versuche auf, sich loszureißen. Obwohl er jetzt als ausgewachsener Elefant durchaus in der Lage wäre, sich zu befreien, versucht er es nicht mehr. Er lebt in der Überzeugung, die er vor langer Zeit einmal erlangt hat. Sie trifft schon längst nicht mehr auf seine aktuelle Situation zu, aber er hält sich trotzdem daran.

Die meisten unserer Überzeugungen bilden sich im Alter von ungefähr zwölf Jahren heraus. Warum sind wir eigentlich bereit, weiterhin mit den Überzeugungen zwölfjähriger Teenager zu leben?

Jetzt, wo wir erwachsen sind und die Denkstrukturen kennen, die unsere Unordentlichkeit hervorrufen, können wir sie doch auswerten und Entscheidungen darüber treffen, wie wir damit umgehen wollen.

Kampf dem Chaos

Zählen Sie die Faktoren auf, durch die Sie Zeit verschwenden. Fügen Sie Faktoren hinzu, die Ihnen außerdem noch einfallen. Nennen Sie Beispiele dafür, wie diese Faktoren Ihr Leben negativ beeinflussen.

1.

2.

3.

4.

5

WARUM UNORDNUNG

Verstärkung des Problems durch A.D.D. (MCD)

Nun mal ganz realistisch: Manche Kinder werden schon desorganisiert geboren. Niemand hat ihnen Schlampigkeit beigebracht, und trotzdem sind sie Experten darin. Ihr kopfloses Verhalten stürzt die gesamte Familie in Unordnung. Jeder meint, daß solche Kinder sich bessern könnten, wenn sie sich nur mehr Mühe geben und es wirklich versuchen würden, und alle Erwachsenen haben irgendwelche Methoden, um solche Mini-Messies zu motivieren. Marias Zimmer ist ständig ein einziges Tohubawohu. Ihre Mutter hat es renoviert und neu eingerichtet in der Hoffnung, daß Maria dann vielleicht mehr Interesse an ihrem Zimmer hat und es in Ordnung hält.

Der kleine Jonas hat nie seine Hausaufgaben dabei. Er vergißt nicht, sie zu machen, sondern er kann sie nicht finden. Das Heft ist in seiner Schultasche oder in seinem Schließfach in der Schule – glaubt er –, und wenn Sie einen Blick in seine Schultasche werfen würden, dann wüßten Sie, warum er sich nicht so sicher ist. Seine Familie hat die Einstellung, daß er mit den Konsequenzen seines

Verhaltens leben muß, nachdem alle anderen Versuche, eine Veränderung herbeizuführen, fehlgeschlagen sind. Sie glauben, daß es ihn ein für allemal kurieren wird, wenn er einmal so richtig auf die Nase gefallen ist mit seiner chaotischen Lebensführung.

Ronnys Mutter schickt ihren Sohn nur dann zum Einkaufen, wenn sie sonst niemanden findet, der für sie gehen könnte. Und wenn sie ihn dann doch einmal schicken muß, fragt sie sich pausenlos: Wird er unterwegs das Geld verlieren? Wird er sich merken können, was er holen soll? Wird er auf dem Nachhauseweg das Wechselgeld verlieren oder einen Freund treffen oder vergessen, daß er überhaupt wieder nach Hause kommen soll?

Überall treiben solche Kinder, ohne es zu wollen, ihre Eltern und Lehrer an den Rand des Wahnsinns. Betroffene Eltern wissen aber oft nicht, daß viele Kinder sich mindestens genauso viele Gedanken über ihre Unordentlichkeit machen und daß sie ihnen mindestens genausoviel Kummer macht. Für das Kind sieht die Situation dennoch anders aus.

Auch wenn der Zustand von Marias Zimmer eine Beleidigung für die Augen und den Ordnungssinn ihrer Mutter ist, hat er für Maria absolut nichts Anstößiges. Sie merkt gar nicht, wie es dort aussieht, und es fällt ihr wirklich schwer, zu verstehen, weshalb ihre Mutter so sauer ist. Maria kann sich gar nicht vorstellen, wie ihr Zimmer so unordentlich geworden ist, wenn ihre Mutter sie wieder einmal auf das Tohuwabohu dort aufmerksam macht. Immer wenn die Mutter Marias Zimmer aufgeräumt hat, scheint sich die Ordnung augenblicklich wieder aufzulösen, wenn Maria das Zimmer betritt.

Jonas' Schultasche und sein Schließfach in der Schule sind ein einziges Chaos. Seine Klassenkameraden haben Ringbücher oder Ordner mit Registern, die sie auch ordentlich und sorgfältig führen können. Jonas' Hefte und Notizen sind zerknitterte Papierknäuel, die irgendwo zwischen den Büchern klemmen. Es ist ihm ein Rätsel, wie seine Klassenkameraden Ordnung halten. Er findet die Vorstellung, ein ordentliches Leben führen zu können, ganz toll, aber in seinen Augen liegt das jenseits seiner Möglichkeiten. Seine Eltern und Lehrer sagen ihm immer wieder, daß es ganz leicht ist, ein Ringbuch mit Register zu führen. Sein Vater hat ihm sogar eins gekauft und es für ihn eingerichtet. Aber es dauerte gar nicht lange, da lagen seine Notizen wieder zerknüllt in den Ecken der Schultasche oder in seinem Schließfach in der Schule.

Ronny ist sich durchaus bewußt, daß er ständig Sachen verliert, aber er weiß nicht, warum. Er hat das Gefühl, daß jemand heimlich seine Sachen nimmt und verlegt oder aufräumt. Wenn er etwas auf dem Tisch liegen läßt, dann verschwindet es spurlos, und er hat keine Ahung, wo es sein könnte. Manchmal taucht der betreffende Gegenstand nie wieder auf, manchmal taucht er aber auf genauso geheimnisvolle Weise wieder auf, wie er verschwunden ist. Seine Eltern, die ihm ihren Standpunkt zu dem Thema dargelegt haben, merken nicht, wie verwirrend, erschreckend und frustrierend die ganze Situation für ihn ist. Ronny hat keine Kontrolle über seine Sachen, und er hat auch keine Ahung, wie er Kontrolle darüber gewinnen kann. Das ewige Gemecker seiner Eltern macht seine Situation noch stressiger, als sie ohnehin schon ist.

Lehrer sagen, daß solche Kinder mehr Disziplin nötig haben. Psychologen sagen, sie brauchen bessere Motivation. Ärzte sagen, sie sind noch unreif. Eltern schwanken zwischen den drei Interpretationen und ihrer eigenen Verzweiflung. Derweil suchen diese Kinder, die ständig und überall Anstoß erregen, nach einem Weg, sich in einer solch verwirrenden Welt zurechtzufinden. Von außen mag vielleicht der Eindruck bestehen, daß ihnen das alles völlig egal ist, aber in der Regel stimmt das nicht. Es ist nur so, daß es keinerlei Entlastung bringt, wenn sich die Betroffenen auch noch Sorgen machen; im Gegenteil, Sorgen bewirken nur noch mehr Streß. Also machen sie, so gut es geht, weiter. Manchmal helfen ihnen die Eltern, indem sie ihnen ein Organisationssystem einrichten, das das Problem ein wenig lindert, aber für die meisten von ihnen bleibt das grundsätzliche Problem bestehen.

Kinder, die sich verhalten wie oben beschrieben, können an »Attention Deficit Disorder« (A.D.D.) leiden. (Dieses Krankheitsbild existiert in Deutschland unter der Bezeichnung »MCD« – Aufmerksamkeitsstörung mit Hyperaktivität – und wird im folgenden in Klammern hinter dem amerikanischen Begriff aufgeführt werden, d. Hg.) Es gibt zwei unterschiedliche Arten von A.D.D.

(MCD): Zur einen gehört Hyperaktivität, bei der anderen fehlt sie. In beiden Fällen ist das Kind leicht ablenkbar und neigt zu Tagträumen, es hat wenig Ausdauer (kann Dinge, die es angefangen hat, nur schwer zu Ende bringen), ist impulsiv (handelt, redet oder trifft Entscheidungen, ohne nachzudenken oder sich zu zügeln) und hat kein gut entwickeltes und ausgeprägtes Sozialverhalten (hat Probleme, Freundschaften zu schließen und aufrechtzuerhalten, weil es sich unangemessen verhält). Die Kinder, die zusätzlich zu A.D.D. (MCD) noch hyperaktiv sind, sind ständig in Bewegung und Aktion.[1]

Was fehlt solchen Kindern?

Nach Schätzung von Fachleuten leiden ungefähr sieben Prozent der Bevölkerung (bei diesen Zahlen ist die amerikanische Bevölkerung zugrunde gelegt) an A.D.D. (MCD). Es sind wesentlich mehr Jungen als Mädchen betroffen, das Verhältnis beträgt ungefähr neun zu eins. Nach Meinung von Spezialisten wird diese Störung

1 In den folgenden Fußnoten soll das entsprechende in Deutschland bekannte Krankheitsbild »MCD« der Ergänzung wegen in seiner Symptomatik und Diagnostik dargestellt werden, beschrieben von Dipl.-Psych. R. Semmerling, Kinderklinik Siegen:

»In der Regel fallen die Kinder erst mit Eintritt in die Schule durch ihr abweichendes Verhalten auf. Spätestens im 2. Schuljahr wird deutlich, daß sie nicht in der Lage sind, ruhig sitzen zu bleiben, daß sie immer noch sehr sprunghaft sind, unstet sind, in der Klasse umherlaufen, wie Zappelphilippe auf ihren Stühlen sitzen, ständig unkonzentriert sind . . . sie sind in hohem Maße ablenkbar, in ihrer gefühlsmäßigen Verfassung wirken sie oft wechselhaft. Die Lehrer sind meistens auch der Auffassung, daß sie zwar durchschnittlich begabt, aber nicht in der Lage sind, ihre Begabung tatsächlich zu zeigen. Ihre impulsive und gelegentlich aggressive Art führt sehr schnell dazu, daß sie im Klassenverband zu Außenseitern und Sündenböcken werden, . . . bekommen sehr häufig Ermahnungen und Zurechtweisungen, negative Reaktionen, welcher Art auch immer. Und dies führt natürlich dazu, daß sie sich in ihrem Selbstwertgefühl, in ihrem Selbstbild immer negativer sehen.

Entsprechend große Probleme bestehen zu Hause, die Schularbeiten werden nie richtig fertiggemacht . . . leichteste Ablenkungen . . . vermögen das Kind sofort aus sämtlichen Aktivitäten bezüglich der Schularbeiten hinauszureißen . . . auch im Spiel (ist ihr) Kind kaum in der Lage, ein Spiel sinnvoll zu Ende zu bringen . . .«

durch Schwierigkeiten mit bestimmten chemischen Stoffen im Gehirn verursacht, den sogenannten Neurotransmittern, die Funktionen und Verhaltensweisen koordinieren und regeln. Eine leichte Störung bei diesen Neurotransmittern kann zu einer typischen Konzentrationsschwäche führen, die Unordnung und Desorganisation nach sich zieht.

A.D.D. (MCD) wird allem Anschein nach weitervererbt. Es ist kein Zusammenhang feststellbar mit Kopfverletzungen oder Geburtstraumata. Nach Meinung mancher Spezialisten gibt es einen Zusammenhang zwischen der Ernährung und dieser Aufmerksamkeitsstörung. Innerhalb dieser Gruppe wiederum gibt es Stimmen, die behaupten, daß Nahrungsmittelzusätze daran schuld sind; andere sagen, daß Vitamin- oder Mineralstoffmangel A.D.D. (MCD) verursachen, und wieder andere halten es für eine allergische Reaktion. Auch wenn die Ernährung möglicherweise eine Rolle spielen könnte, sind sich Fachleute nicht darüber einig, ob durch eine bestimmte Diät die Störung wirksam in den Griff zu bekommen ist.

Ein weiterer Faktor bei A.D.D. (MCD) ist möglicherweise eine Störung im Zusammenhang mit den Muskel- und Nervenfunktionen des Auges. Manche Kinder (und auch Erwachsene) reagieren positiv auf eine Umstellung der Ernährung, bei anderen wirkt sich ein Sehtraining positiv aus. Diese Ansätze sind unterschiedlich effektiv, und man sollte sie in Betracht ziehen, wenn jemand nach Hilfe im Umgang mit diesem Problem fragt und sucht.

Auch Schlafstörungen scheinen eine Rolle zu spielen. Bettnässen, Zähneknirschen, Schlafwandeln oder Reden im Schlaf können Hinweise auf Schlafstörungen sein. Solche Störungen gibt es bei von A.D.D. (MCD) betroffenen Menschen überdurchschnittlich häufig. Eine Theorie darüber sagt, daß Menschen, die nachts nicht die normalen Schlafzyklen durchmachen (einschließlich des richtigen REM-Schlafes), tagsüber ein- und abschalten müssen, um sich am Tag die Erholung zu holen, die andere Menschen nachts bekommen. Tagsüber sind die Symptome eines Menschen mit Schlafstörungen denen eines Menschen mit A.D.D. (MCD) ähnlich. Der Zusammenhang zwischen Schlaf und diesem Krankheitsbild ist noch nicht genau geklärt und muß weiter erforscht werden.

Weil A.D.D. (MCD) eine neurologische Störung mit einer biologischen Grundlage ist, spielt die richtige Medikation eine wesentliche Rolle bei der Lösung des Problems. Medikamentöse Behandlung verstärkt die Produktion der besagten chemischen Neurotransmitter und ihre Wirkung. Für Eltern von Kindern mit dieser Störung ist es ratsam, einen Kinderarzt zu bitten, ihnen einen Kinderpsychologen mit Erfahrung in diesem Bereich zu empfehlen.[2]

2 Zu Beginn der Behandlung von MCD-Kindern steht »eine ausführliche Befragung der Eltern des Kindes ... Hier geht es noch mal darum, konkrete Handlungsabläufe, wie z. B. das morgendliche Aufstehen, Waschen, Anziehen, Frühstücken ... sich schildern zu lassen ...

Entsteht bei diesem ausführlichen Erstgespräch der Eindruck, daß ein Problem in unserem Sinne vorliegen könnte, so wird den Eltern das Konzept unserer Vorgehensweise hierbei vorgestellt. ... In der ersten Woche der stationären Aufnahme wird eine ausführliche testpsychologische Untersuchung durchgeführt ...

Fällt die Entscheidung, daß eine Therapie begonnen wird, ... wird als erster Schritt eine medikamentöse Unterstützung begonnen. Zur Anwendung kommt hier Ritalin ... in der niedrigstmöglichen Dosierung. Ritalin wirkt so, daß es die allgemeine Wachheit ... steigert. Man geht davon aus, daß aufmerksamkeitsgestörte Kinder in einem zu niedrigen Bereich ihrer allgemeinen Wachheit, ihrer Aufmerksamkeit liegen ...

Genauso wichtig (wie die Medikation) sind ausführliche Elterngespräche. Die Eltern müssen lernen, das Problem ihrer Kinder ›durch eine andere Brille zu sehen‹. Sie müssen akzeptieren lernen, daß die Kinder zu ihrem Verhalten ›nichts können‹, sondern daß die Auffälligkeit Ausdruck eines Problems ist ... Ziel der Elterngespräche ist es, daß in der Regel die Mutter in besonderer Weise lernt, mit ruhiger, gelassener Konsequenz auf die Kinder zu reagieren, bestimmte Tagesabläufe wesentlich besser als bisher durchstrukturiert, einen für das Kind sichtbaren, klaren äußeren Rahmen schafft ...

Dritter Bestandteil der therapeutischen Vorgehensweise ist eine kurze pädagogische Schulung der Kinder selbst ... Sie sollen damit lernen, ihre jetzt besseren Voraussetzungen zur Konzentration und Aufmerksamkeit jetzt tatsächlich sinnvoll zu nutzen, ... sich zu entspannen und ... sich selbst dafür zu loben, daß sie nun in der Lage sind, ihre Aufgaben sinnvoll zu lösen.«

Die Teenagerzeit durchstehen

Wenn A.D.D.-(MCD-)Kinder in die Pubertät kommen, wird der Entwicklungsrückstand meistens aufgeholt. Bis zu einem gewissen Maße scheint sich das Problem dann von selbst zu lösen. Aber es löst sich nicht vollständig. Es bleiben einige der typischen Symptome wie Ablenkbarkeit, mangelnde Ausdauer, Impulsivität und manchmal unreifes Sozialverhalten bestehen.

Teenager haben es schwer genug mit all den neuen Aufgaben im Bereich der körperlichen und sozialen Entwicklung sowie mit dem Ringen um Selbstwertgefühl. Man kann davon ausgehen, daß einem Teenager mit A.D.D. (MCD) eine noch turbulentere Zeit bevorsteht als anderen Teenagern. Jugendliche mit diesem Problem haben aufgrund ihrer Verwirrung über den eigenen Zustand und die verständnislose Reaktion der Umwelt bereits recht viele negative Erfahrungen hinter sich. Solche Teenager haben häufiger Schulprobleme, Schwierigkeiten im sozialen Umfeld, Drogen- und Alkoholprobleme, und oft geraten sie auch mit dem Gesetz in Konflikt. Die Folge ist, daß bei ihnen ein erhöhtes Risiko für Depressionen und Selbstmord besteht. Probleme mit Unordnung und Desorganisation sind nur zwei der vielen Komplikationen, die durch die Aufmerksamkeitsstörung hervorgerufen werden können.

A.D.D. (MCD) im Erwachsenenalter

Wenn ein Kind mit dieser Störung erwachsen wird, dann bleiben in der Regel Reste der alten Desorganisiertheit zurück. Manche der Probleme, durch die das Kind konfus und unordentlich geworden ist, bleiben auch im Erwachsenenalter bestehen. Das Problem verstärkt sich aber durch die Komplexität eines Erwachsenen-Alltags.

Manchmal wird das Problem sogar erst sichtbar, wenn das Kind erwachsen geworden ist. Mann und Greenspann schreiben im »Journal of Psychiatry«, daß die Störung bei Erwachsenen nur schwer feststellbar ist.

»Wir vermuten, daß viele Kinder mit leichten oder schwerwiegenderen Problemen, verbunden mit einem ungewöhnlich hohen Maß an Kreativität, Intelligenz und der Fähigkeit zu zwischenmenschlichen Beziehungen ... erst im Erwachsenenalter manifeste psychische Schwierigkeiten bekommen.«

Deshalb schaffen es viele Frauen, ihr Leben in der Kinder- und Teenagerzeit im Griff zu behalten. Sie kommen erst ins Schleudern, wenn sie ihren eigenen Haushalt und die eigene Familie zu versorgen haben. Manche bekommen erst Probleme, wenn das erste Kind geboren ist, manche sogar erst nach dem zweiten Kind.

Bei mir persönlich war es so, daß ich sofort nach meinem College-Abschluß Schwierigkeiten bekam. Bis dahin war ich zwar immer ein bißchen durcheinander und abwesend, aber ich hatte gute Unterstützung von zu Hause, weil dort alles wohlorganisiert war. Ich kam mit meinem College-Stundenplan zurecht und auch mit meinem Zimmer im Studentenwohnheim. Aber alles, was darüber hinausging – (Haushalt, Mann, Arbeit, Kinder) –, war zuviel – wie sich unmittelbar herausstellte.

Ein Haus in Ordnung zu halten, ist für einen Menschen mit dieser Störung eine gigantische Aufgabe. Hier einige Beispiele dafür, wie er mit der Ordnung ständig auf Kriegsfuß steht.

1. Mangelnde Ausdauer. Lisa nimmt eine große Aufgabe in Angriff, beispielsweise die wöchentliche Wäsche. Sie geht in den Keller, steckt alles in die Waschmaschine, läßt die Wäsche durchlaufen, holt alles aus der Waschmaschine heraus, stopft die nassen Sachen in den Trockner, wartet, bis alles fertig ist – und damit ist ihre Großwäsche erst einmal erledigt. Jede andere Hausfrau würde jetzt die Sachen aus dem Trockner holen, sie zusammenlegen und in den Schrank packen, aber Lisa stopft erst einmal alles in einen Wäschekorb. Die Folge ist nun, daß sie jetzt all die Sachen bügeln muß, was sie hätte vermeiden können, wenn sie sie gleich in den Schrank geräumt hätte.

Das gleiche passiert, wenn sie einkaufen geht, kocht oder ein neues Hobby anfängt. Sie hat genügend Ausdauer, um mit einer Sache anzufangen, aber nicht genug, um sie auch zu beenden. Deshalb ist das, was dann meistens ungetan liegenbleibt, das Aufräumen und Saubermachen.

2. Ablenkbarkeit. Dorothee läßt sich von dem, was sie gerade tut, ständig ablenken – durchs Telefon, durch die Bedürfnisse ihrer Kinder und durch ihre eigenen Tagträume und Interessen. Sie arbeitet den ganzen Tag, aber sie schafft recht wenig, weil sie in keine Richtung weit kommt. Weil sie weiß, daß sie leicht ablenkbar ist, hat sie ständig Angst, sie könnte etwas Wichtiges vergessen. Um dem entgegenzuwirken, läßt sie um sich herum Dinge stehen und liegen, um auch nicht zu vergessen, was noch erledigt werden muß. Auf dem Tisch in der Diele liegt die Klassenarbeit von Johannes, die unterschrieben werden muß. An der Haustür liegen ein Päckchen, das zur Post muß, und der Sack mit den alten Kinderkleidern, die sie als Spende in die Gemeinde bringen will. Auf dem Eßtisch liegen ein paar unbezahlte Rechnungen und einige Postwurfsendungen, die sie interessieren und die sie sich deshalb genauer ansehen will.

Sie tut eine Sache und denkt dabei gleichzeitig an etwas anderes. Das führt zu Vergeßlichkeit. Sie ist so in Gedanken, daß sie gar nicht merkt, wohin sie einen bestimmten Gegenstand legt.

Dorothee verläßt die Küche und hinterläßt dort ein Chaos, nachdem sie sich ein Brötchen belegt hat und jetzt nur noch daran denken kann, es sofort zu essen. Es kommt auch vor, daß sie den Herd anschaltet und dann weggeht. Sie stellt einen Scheck aus und vergißt, ihn zu notieren. Dieses Maß an Ablenkbarkeit führt zu einem chaotischen und unorganisierten Leben.

3. Impulsivität. Irma trifft Entscheidungen zu schnell und deshalb unüberlegt. In einem Aufräumanfall wirft sie etwas weg, das sie ein paar Wochen später braucht.

Auf einer Reise von Florida nach Indiana machte ich Zwischenstopp in Memphis, wo ich beschloß, meine Handtasche aufzuräumen. Aus Versehen behielt ich den leeren Fahrkarten-Umschlag, warf aber den Teil meiner gültigen Fahrkarte weg. Erst als der Zug schon fuhr und der Schaffner meine Fahrkarte sehen wollte, bemerkte ich meinen Irrtum.

So etwas passiert impulsiven Menschen leicht. Leider führen die negativen Erfahrungen nicht dazu, daß man weniger impulsiv handelt, sondern dazu, daß man anfängt, Sachen zu horten. Um zu verhindern, daß man etwas wegwirft, was man eines Tages noch gebrauchen könnte, wirft man lieber gar nichts mehr weg.

Aber nicht nur spontane Entscheidungen, etwas wegzuwerfen, führen bei Menschen mit A.D.D. (MCD) zu Problemen. Wenn sie aufgrund ihrer Spontaneität eine falsche Entscheidung getroffen haben, dann lernen sie daraus nicht, vorher besser zu überlegen, sondern sie treffen gar keine Entscheidungen mehr. Dies führt zu einer Art Erstarrung, die immer neue Aufschübe mit sich bringt. Eine Frau mit A.D.D. (MCD) möchte beispielsweise gern an einem bestimmten Volkshochschulkurs teilnehmen, aber sie schafft es einfach nicht, sich anzumelden, weil sie nicht ganz sicher ist, ob sie zu den angegebenen Terminen auch wirklich Zeit hat. Vielleicht kommt irgend etwas dazwischen. Vielleicht hat sie schon einen Termin oder eine Verabredung, die sie nur vergessen hat. Vielleicht ist der Kurs auch zu teuer. Sie wartet so lange, bis alle Unklarheiten beseitigt sind, und dann ist es zu spät.

> Diese Welt ist ständig durch zwei Dinge bedroht: durch Ordnung und Unordnung. (Paul Valery)

All diese Ängste – Sachen zu verlieren, Dinge zu vergessen, etwas nicht zu Ende zu bringen, etwas Falsches zu tun oder gar nichts zu tun – verursachen allesamt noch mehr Arbeit. Und weil keiner in der Lage ist, all diese zusätzliche Arbeit zu bewältigen, werden unsere Familien sauer auf uns, Freunde machen uns fertig, und unser Selbstwertgefühl sinkt stetig.

Der Kampf gegen A.D.D. (MCD)

Ein Messie aus Ohio beschrieb ihre Beobachtungen zu ihrer eigenen Organisationsunfähigkeit auf. Achten Sie auf die Ähnlichkeiten mit den eben dargestellten A.D.D.-(MCD-)Symptomen:

»Wir Messies sind wahrscheinlich Opfer einer neurologischen Behinderung. Wir können nicht das Bild als Ganzes sehen, sondern werden von den Details gefangengehalten. Wir leben nicht an der Oberfläche; wir befinden uns unter einem Berg von undurchdringlichen Ereignissen, Objekten oder Menschen. Wir fragen uns pausenlos, was wir als nächstes tun müssen. Es wäre eine Untertreibung zu behaupten, daß wir uns ständig im Kampf befinden. Wohl niemand versucht ernsthafter als wir, Chaos in Ordnung zu verwandeln, aber es liegt immer ein wenig jenseits unserer Möglichkeiten.

> Wenn wir an Krücken herumhumpeln würden, dann würden die Menschen wissen, daß wir eine Behinderung haben. Aber wir sehen so normal aus und verhalten uns auch so normal . . .

Um ein konkretes Beispiel zu nennen: Ich habe all meinen Mut zusammengenommen und Gäste zum Essen eingeladen. Ich habe Listen erstellt, habe rechtzeitig eingekauft und geputzt. Ich bin eine 69jährige Ehefrau, und es gibt nichts, was mich ablenken könnte, außer einem wunderbaren Ehemann. Ich bin in einer Situation, um die mich viele Menschen beneiden und die für einen Messie besser nicht sein könnte, aber es kommen immer diese letzten Augenblicke der Vorbereitung, in denen ich in Panik gerate. Es ist einfach zuviel! Alles muß sofort oder möglichst noch früher getan werden. Eine Sache zur richtigen Zeit zu erledigen, genügt nicht mehr. Ich muß mich dann auf mein Pferd schwingen und in alle Richtungen gleichzeitig davongaloppieren, und zwar SOFORT! Sachen fallen herunter, ich kleckere überall herum, das Tischtuch bekommt Flecken, die Soße rinnt in den Ausguß, während ich versuche, die Klümpchen herauszurühren usw.

Wenn wir an Krücken herumhumpeln würden, dann wüßten die Menschen, daß wir eine Behinderung haben. Aber wir sehen so normal aus und verhalten uns in den meisten Situationen auch so, daß niemand verstehen kann, wieviel Kraft es uns kostet, an ein und derselben Stelle stehenzubleiben – geschweige denn Dinge nacheinander zu erledigen. Ja, das ist komisch. Aber wenn Sie mein Herz rasen hören könnten und meine Atemlosigkeit mitbekommen würden in dem Augenblick, wo meine Unfähigkeit offen zutage tritt, dann würden auch Sie es wohl eher tragisch finden.

Die beste Beschreibung meines Zustandes lautet so: Ich drehe völlig durch und produziere nur noch Chaos. Wahrscheinlich hätte Glenn Doman (ein bekannter Neurologe) meine Behinderung heilen können, wenn es ihn schon früher gegeben hätte, damals, als ich noch ein Kind war. Aber wer hätte mein Problem überhaupt bemerkt; und wenn es doch jemand bemerkt hätte, wer hätte es für schwerwiegend genug gehalten? Ich funktioniere zwar, aber für Messies ist das mit Sicherheit schwerer als für andere Menschen.

Aber wir sind auch keine völligen Nieten. Ein überdurchschnittlicher Prozentsatz von uns besteht aus Musikern, Künstlern, Journalisten. Mit unseren Gedanken sind wir selten bei der Sache, die wir gerade tun, sondern wir lösen derweil die Probleme dieser Welt. Deshalb müssen wir auch alles, was wir nicht vergessen wollen, offen und sichtbar herumliegen lassen. Deshalb müssen wir auch endlose Listen anfertigen (die wir oft verlieren). Es ist manchmal ein elendes Dasein, das wir führen, aber unser Geist ist unersättlich. Ja, vielleicht kann ich sogar die Behauptung wagen, daß die Welt ärmer wäre ohne uns ...«

Gibt es Hilfe?

Obwohl einige der A.D.D-(MCD-)Symptome im Erwachsenenalter abnehmen, sind die Menschen, die darunter leiden, auch als Erwachsene oft noch geprägt von der Verwirrung und den Ängsten, die die Störung während ihrer Kindheit ausgelöst hat. Erwachsene haben aber den Vorteil, Hintergründe zu durchschauen, und das kann verhindern, daß sie sich selbst noch für ihre vermeintliche Faulheit, Dummheit oder ihr Desinteresse treten und bestrafen. Erwachsene, bei denen A.D.D. (MCD) festgestellt wird, erhalten die gleiche Behandlung wie Kinder. Man kann diese Störung aber nicht selbst diagnostizieren. Die Diagnose muß von erfahrenen Psychotherapeuten oder Ärzten erstellt werden. Auch wenn A.D.D. (MCD) ein schwieriges Problem ist, kann es durch Medikamente und mit Sorgfalt in bezug auf die beitragenden Faktoren wie beispielsweise Ernährung, Sehprobleme oder Schlafstörungen unter Kontrolle gebracht werden, auch eine Psychotherapie kann sinnvoll sein. Allerdings geht aus einer Veröffentlichung der Minirth Meier Klinik-Berichte hervor, daß Psychotherapie ohne medikamentöse Behandlung bei dieser Störung nicht effektiv ist.[3]

Kampf dem Chaos

1. Meinen Sie, bei sich A.D.D.-(MCD-)Merkmale festellen zu können? Zählen Sie sie auf.

a.

b.

c.

2. Wurden Sie als Kind für zerstreut und abgelenkt gehalten? Schreiben Sie ein Erlebnis auf, das Ihnen dabei als besonders wichtig in Erinnerung geblieben ist.

3 Vgl. Fußnote 2 auf S. 47

3. Erinnern Sie sich an ein Erlebnis im Erwachsenenalter in bezug auf Konzentrationsfähigkeit, Ablenkbarkeit und Impulsivität oder schwaches Sozialverhalten, das Sie sehr aufgeregt hat? Beschreiben Sie es.

4. Wie haben diese Merkmale

a. Sie in Ihren Aufgaben als Hausfrau beeinträchtigt?

b. Ihre Persönlichkeit und Ihr Selbstwertgefühl beeinflußt?

6

ZWANGHAFT ODER EINFACH NUR UNORDENTLICH?

Wann wird aus dem Problem, einfach unordentlich zu sein, das schwerwiegende Problem zwanghafter Unordnung? Wie können wir feststellen, ob wir nur desorganisiert sind, ob wir einen zwanghaften Wesenszug haben oder eine zwanghafte Störung?

Kinder mit MCD oder Erwachsene mit einer Persönlichkeitsstörung neigen zur Zwanghaftigkeit. Sie haben eine für Süchte empfängliche Persönlichkeitsstruktur. In einem Artikel in »Psychologie heute« (»Against all Odds« – »Gegen alle Widrigkeiten«, Dezember 1985) zieht der Verfasser die Schlußfolgerung:

»Sucht ist ein rätselhaftes und komplexes Phänomen ... Bestimmte Gruppen von Wesensmerkmalen, die auch für asoziale Persönlichkeiten charakteristisch sind, gibt es bei vielen Typen von Süchtigen ... Dazu gehören sensationsheischendes Verhalten, eingeschränkte Konzentrationsfähigkeit, Hyperaktivität, emotionale Hypersensibilität und die Unfähigkeit, die Befriedigung eigener Bedürfnisse zurückzustellen (Fehlen von Impulskontrolle). Wenn diese Faktoren zusammentreffen mit einer lieblosen Umgebung in der frühen Kindheit, dann führen sie oft dazu, daß Menschen zwanghaft werden.«

Wir alle kennen die Problematik von Alkohol- und Drogensucht. Wir haben auch schon von Süchten wie Kaufen, Essen, Spielen und Kindesmißhandlung gehört. Es gibt inzwischen für viele dieser Problemfelder Selbsthilfegruppen, in denen man sich damit auseinandersetzen kann. Ein den Süchten verwandter Problemkreis ist der Bereich der Phobien, wie beispielsweise Höhenangst, Flugangst, Angst vor der Welt außerhalb der eigenen vier Wände. Über all diese Süchte, Phobien, Zwänge und zwanghaften Verhaltensweisen ist viel geschrieben worden. Sie sind zwar nicht alle gleich, aber gemeinsam ist ihnen allen, daß sie mit *Kontrollverlust* zu tun haben. In all den Veröffentlichungen über diese Störungen findet man jedoch kaum etwas über den desorganisierten Lebensstil, obwohl er in seiner Extremform offiziell als zwanghafte Störung anerkannt ist.

Einige Bereiche des Problems sind bereits behandelt worden. Beispielsweise wird dem Zaudern, dem Horten und auch chronischer Langsamkeit ein gewisses Maß an Aufmerksamkeit zuteil. Aber es gibt wenig oder nichts zu Themen wie mangelnde Ordnung, Verlegen wichtiger Dokumente, perfektionistischer Putzzwang, übersteigerte Sentimentalität oder die fanatische Liebe zu Büchern und Zeitschriften, die uns zu Wissensgöttern macht. Viele sind in diesen wichtigen Lebensbereichen wie gelähmt, aber ihre Not wird offenbar von kaum jemandem bemerkt.

Messies hängen ihr Problem nicht an die große Glocke. Frauen sind Nestbauer. Es heißt, daß Tiere nicht ihr eigenes Nest beschmutzen, aber Messies tun das ständig. Für eine Frau ist das eine Negativaussage über sich selbst. Also verstecken Messies dieses Geheimnis genau wie alles andere im Schrank und lassen es dort, genau wie alles andere, was sie bereits hineingestopft haben.

Nicht jeder unordentliche Mensch leidet unter einer zwanghaften Störung. Dr. Harvey Milkman, Psychologieprofessor am Metropolitan State College in Denver, nennt einige Orientierungspunkte, anhand derer man feststellen kann, ob eine zwanghafte Unordentlichkeit vorliegt.

1. Leugnung. Beschwert sich Ihre Familie darüber, wie es bei Ihnen zu Hause aussieht, und über die Rolle, die Sie dabei spielen? Bestreiten Sie, daß Sie ein Problem haben? (Kommen Ihnen Aussagen wie »Mit dem Haushalt muß etwas passieren! Das hier macht mich noch verrückt!« irgendwie bekannt vor?)

2. Zwanghaftigkeit. Haben Sie versucht, sich zu ändern, es aber nicht geschafft? Sie möchten gern ordentlich sein, aufhören, Dinge immer wieder aufzuschieben, Sachen zu sammeln und zu horten, aber irgendwie liegt das außerhalb Ihrer Möglichkeiten.

3. Kontrollverlust. Das besagte Verhalten verstärkt sich bei Ihnen in zunehmendem Maße. Sie haben weder die Zeit noch die Energie und den Willen, damit aufzuhören.

4. Verschlimmerung des Problems. Das Leben wird immer unbefriedigender. Sie haben das Gefühl, keinen Aktivitäten außerhalb des Haues mehr nachgehen zu können, weil Sie eigentlich zu Hause arbeiten müßten. Sie können niemanden mehr zu sich nach Hause einladen, ohne vorher zu schuften, damit es einigermaßen aussieht, oder ohne vor Scham über das Chaos im Boden versinken zu wollen. Sie verlieren immer mehr Dinge und vergessen immer öfter Termine und Verabredungen.

5. Rückzug. Wenn Sie versuchen, sich zu ändern, dann stellen Sie fest, daß Sie veränderte Verhaltensmuster in bezug auf Schlaf, Essen und zwischenmenschliche Beziehungen haben. Wenn Sie versuchen, Dinge loszuwerden oder an Ihrem Perfektionismus zu arbeiten, werden Sie deprimiert oder ärgerlich. Der Gedanke, manches anders tun zu müssen, erschreckt Sie.

Wenn Sie mehr als drei der Punkte bestätigen könnten, dann, so sagt Dr. Milkman, sind Sie auf dem Weg in eine Verhaltenssucht, oder Sie sind bereits darin gefangen.

Normale Aktivität	wird	zwanghafte Aktivität:
Sparsamkeit		übertriebenes, unnötiges Sammeln von Sachen
Sentimentalität		zwanghaftes Horten von Gegenständen aus der Vergangenheit
Vorsorge		alles aufbewahren, für alle Fälle
Vorsicht		Gelähmtsein aus Angst, Fehler zu machen

Häufig sind wir in diesen Aktivitäten so sehr gefangen, daß wir gar nicht merken, welchen Preis sie von uns fordern. Wenn Menschen mir schreiben, welche Kämpfe sie ständig ausstehen, dann benutzen sie oft das Bild des Ertrinkens, oder sie malen sogar Bilder, auf denen dargestellt ist, wie sie in ihrem eigenen Chaos untergehen. Ertrinken ist das äußerste Maß an fehlender Kontrolle.

Nicht jeder, der Alkohol trinkt, wird zum Alkoholiker. Nicht jeder, der spielt, wird süchtig danach. Nicht jeder, der Diät hält, wird magersüchtig oder zum Bulimiker, und nicht jeder, der Dinge aufschiebt oder aufbewahrt, tut das zwanghaft. Aber warum ist das so?

Mangelndes Selbstwertgefühl ist der Grundstein für jede Sucht. Die Gründe für ein geringes Selbstwertgefühl haben hauptsächlich mit der Entwicklung eines falschen Selbstbildes in der Kindheit zu tun, das durch verschiedene Faktoren entstehen kann. Es ist beispielsweise bekannt, daß ein überdurchschnittlich hohes Zusammentreffen von sexuellen Traumata bei Frauen mit Suchtproblemen vorhanden ist. Viele haben eine unglückliche Kindheit gehabt. Es gibt Untersuchungen, aus denen hervorgeht, daß Kinder von Alkoholikern anfälliger sind für Süchte aller Art. In »Guide to Recovery: A Book for Adult Children of Alcoholics« (»Leitfaden zur Genesung: Ein Buch für erwachsene Kinder von Akoholikern«) schreiben Herbert L. Gravitz und Julie D. Bowden, Gründungsmitglieder der National Association for Children of Alcoholics (Nationaler Verein für Kinder von Alkoholikern): »Bei Kindern von Alkoholikern besteht ein maximales Risiko, daß sie wiederum Alkoholiker werden oder andere suchtbestimmte Verhaltensweisen entwickeln.«

Stanton Peele, Verfasser des Buches »Love and Addiction« (»Liebe und Sucht«) und »The Meaning of Addiction« (»Die Bedeutung von Sucht«) sagt: »Ein Mensch neigt zu süchtigem Verhalten in dem Maße, wie er nicht in der Lage ist, eine sinnvolle Beziehung zu seiner Umgebung aufzubauen, und somit auch kein voll entfaltetes Leben führen kann. In diesem Falle wird er empfänglich für gedankenlosen Konsum von etwas, das außerhalb seiner selbst liegt.« Zwanghafte Menschen – sowohl zwanghaft unordentlich als auch zwanghaft ordentliche – versuchen, Kontrolle über eine Welt zu bekommen, die ziemlich außer Kontrolle zu sein scheint. Dieses Gefühl der Kontrolle bringt ihnen Trost, und Trost ist ein angenehmer Aspekt in einer von Streß geprägten und bestimmten Welt. Allgegenwärtig ist jedoch die überragende Furcht vor Kontrollverlust.

Natürlich sind auch noch andere Faktoren am Werke. Vererbung, Gruppendruck und kulturelle Einflüsse spielen eine Rolle dabei, ob ein Mensch zwanghaft wird oder nicht. Beispielsweise gibt es mehr magersüchtige und bulimiekranke Frauen als Männer. Es gibt im Gegensatz dazu aber mehr männliche als weibliche Spielsüchtige. Männer erklären ihre Süchte damit, daß sie eine Entscheidung dafür treffen. Sie werden süchtig nach Dingen, die sie sich wünschen. Frauen begründen ihre Süchte mit Gefühlen. Sie werden süchtig nach Dingen, die sie lieben. Männer werden aus praktischen Gründen zu Messies. Sie lassen Schrottautos im Hof stehen, um stets schwer aufzutreibende Ersatzteile vorrätig zu haben. Frauen dagegen werden aus persönlichen Gründen Messies. Sie verbindet etwas mit ihren Besitztümern. Sie lieben ihre Bücher, ihre Nähsachen usw. Sie behalten sie, um persönliche Befriedigung zu erfahren.

Es ist viel über Süchte gesagt und geschrieben worden. Manche Menschen leiden unter mehreren Süchten gleichzeitig. Die Zeitschrift »Health« (»Gesundheit«, Oktober 1987) berichtet, daß 59 Prozent aller zwanghaften Menschen mehrfach süchtig sind. In dem Buch »The Compulsive Woman« (»Die zwanghafte Frau«)

berichtet Sandra Simpson LeSourd von ihrem Kampf gegen den Alkohol, das Rauchen, zuviel Essen, gegen zuviel Sport, Kaufzwang und andere Zwänge. Viele Leute, die zur Zwanghaftigkeit neigen, berichten, daß die Überwindung eines Problems in der Regel nur einem weiteren Platz macht.

> Unseren inneren Wert zu kennen, zügelt unseren Zwang, durch extremes Verhalten zu beweisen, wer wir sind.

Zwanghafte Menschen neigen dazu, in vielen Bereichen zu übertreiben. Lynn, eine Frau mit Kaufzwang und Mitglied bei den Anonymen Schuldnern, sagt über sich selbst: »Manchmal frage ich mich, ob ich eine süchtige Persönlichkeitsstruktur habe. Vor kurzem habe ich mit dem Gewichtheben angefangen – vielleicht werde ich jetzt das übertreiben. Aber ich möchte gerne glauben, daß ein Mensch sich ändern kann. Wenn man Selbstwertgefühl hat und weiß, wer man ist, dann muß man sich vielleicht nicht über extremes zwanghaftes Verhalten definieren« (Ms, Februar 1987).

Wo kann ein Mensch die Art von Veränderung erfahren, nach der Lynn suchte?

Egal, ob Sie ein zwanghafter Messie sind oder nicht, Sie werden Hilfe finden, wenn sie diese Wege zur Genesung betreten:

1. Gestehen Sie sich das Problem ein. Das ist vielleicht das Schwierigste. Denn manche Messies können den Gedanken nicht ertragen, eventuell einen Lebensstil aufzugeben, der so sehr ein Teil von ihnen ist.

2. Suchen Sie Hilfe. Schließen Sie sich einer Selbsthilfegruppe an, in denen es um eine Steigerung des Selbstwertgefühls geht, oder einer Gruppe speziell für Leute, die desorganisiert sind. Vielleicht hilft Ihnen auch eine Therapie weiter bei einem Therapeuten, der sich mit Zwängen und zwanghaftem Verhalten auskennt und Erfahrung auf diesem Gebiet hat.

In dem Buch »Die zwanghafte Frau« gibt die Verfasserin LeSourd auf 80 Seiten Hinweise und Adressen für zwanghafte Menschen, einschließlich des geistlichen Bereiches, in dem und durch den sie selbst viel Hilfe erfahren hat. Letztendlich sind wir jedoch selbst dafür verantwortlich, uns die Hilfe zu suchen, die wir brauchen. »Es erfordert Zeit, Anstrengung und Glauben, aus einer süchtigen Haltung herauszukommen und mündig und erwachsen zu werden ... Ob wir eine Therapie machen oder nicht, die Verantwortung tragen letztendlich wir selbst« (»Love and Addiction«, Stanton Peele).

3. Eine neue Perspektive gewinnen. Viele Menschen, sowohl Aufräum- und Reinlichkeitsfanatiker als auch Messies, machen die Erfahrung, daß eine geistliche Dimension in ihrem Leben ihnen dabei hilft, sich in ihren Extremen zu mäßigen. Eine gute Freundin von mir, eine zwanghaft putzende Frau, stellte fest, daß die Zwanghaftigkeit in bezug auf Sauberkeit und Ordnung langsam wich, je reifer und mündiger sie im Glauben wurde. Die Frucht des Geistes, so sagt Paulus, ist Selbstbeherrschung. Selbstbeherrschung ist in die Tat umgesetzte Mäßigung. Wer den Geist Gottes hat, hat damit auch seine Hilfe, den Drang, Sachen herumliegen zu lassen, zu viele Termine zu vereinbaren, zu horten und zu sparen, in den Griff zu bekommen. Eine persönliche Beziehung zu Gott gibt uns ein Gefühl dafür, wer wir sind und wozu wir geschaffen sind. Unseren inneren Wert zu kennen, zügelt unseren Zwang, durch extremes Verhalten zu beweisen, wer wir sind.

4. Neues Verhalten einüben. Das neue Verhalten wird nicht so tröstlich sein wie das alte, aber auch nicht so selbstzerstörerisch. In dem Buch »Hope: New Choices and Recovery Strategies for Adult Children of Alcoholics« (»Hoffnung: Neue Möglichkeiten und Genesungsstrategien für erwachsene Kinder von Alkoholikern«) schreibt Emily Marlin: »Es ist wichtig, zu spüren, daß es nichts Ungewöhnliches ist, wenn man nach dem Aufgeben einer Sucht ein Gefühl des Verlustes hat – auch wenn man sich sehnsüchtig gewünscht hat, von der Sucht frei zu werden.« Sie meint Alkohol, wenn sie diese Aussagen über Sucht macht, aber ihre Erkenntnisse lassen sich auf andere Süchte übertragen, einschließlich der Unordnung. »Den Alkohol aufzugeben bedeutet, daß der Alkoholiker auch einen bestimmten Lebensstil aufgeben muß, der, auch wenn er zerstörerisch ist, doch manche seiner/ihrer Bedürfnisse befriedigt hat.«

Von Unordentlichkeit frei zu werden, ist nicht gleichzusetzen mit dem einfachen Ablegen einer alten Gewohnheit, weil Unordentlichkeit so viel mit dem zu tun hat, was wir jeden Tag tun müssen. Wenn sie aufgestanden sind, müssen Messies zuerst das Bett machen und dürfen nicht einfach weglaufen, wie sie es früher gemacht haben. Nach dem Essen müssen sie erst den Frühstückstisch aufräumen und das Geschirr in die Spülmaschine stellen, statt es erst mal irgendwo abzustellen. Wenn die Post kommt, müssen sie sie sofort öffnen und sortieren, statt sie irgendwo zu stapeln und liegenzulassen. Zusätzlich zum Entwickeln der Dinge, die Messies neu lernen und einüben müssen, um alte Verhaltensmuster des »Vernachlässigens« zu überwinden, sind sie ständig mit den Folgeerscheinungen der Vernachlässigung konfrontiert, die sich in allen Ecken und Winkeln ihrer Häuser und Wohnungen angesammelt haben. Wenn ein Mensch das Rauchen oder Trinken aufgibt, dann geht es darum, daß er *aufhört* und dabei bleibt. Wenn ein Mensch seine Unordentlichkeit aufgibt, dann ist er mit der Aufgabe konfrontiert, *mit etwas anzufangen* und dabei zu bleiben, es zu tun.

Das Leben ist ein Marathon und kein Sprint.

Von Unordentlichkeit zu genesen, unterscheidet sich vom Aufhören mit dem Rauchen und Trinken unter anderem dadurch, daß es Mäßigung erfordert und nicht Abstinenz. Mäßigung ist etwas sehr Schwieriges für zwanghafte Menschen. Abstinenz ist einfacher. Ein Messie im Verwandlungsstadium muß entscheiden, was er behalten und was er loswerden will. Man kann nicht alles wegwerfen oder weggeben. Sich von Unordentlichkeit zu erholen, ist vergleichbar mit der Änderung der Eßgewohnheiten.

Man muß essen, um zu überleben – aber es geht darum, es maßvoll zu tun.

Messies sind von Natur aus keine maßvollen Menschen. Sie übertreiben bei den Dingen, die sie horten und sammeln, und sie übertreiben in ihren Aktivitäten. Eine der Schwierigkeiten, mit denen ein Messie auf dem Weg der Besserung konfrontiert ist, ist die Versuchung, es in der entgegengesetzten Richtung zu übertreiben. Dann wird daraus eine übertriebene Kontrolle in Sachen Haushalt. Messies, die eine Vision von ihrem neuen Lebensstil haben, wollen sofort alles. Viele von ihnen treiben sich selbst in die Erschöpfung, indem sie sich Hals über Kopf in die Aufräumarbeiten stürzen. Völlig ermattet blicken sie dann zurück auf ihre kurze Erfahrung mit dem Versuch, sich zu ändern, und bestätigen sich selbst, daß es eben doch nicht funktioniert. Sie werden sich doch nie ändern. Sie haben es ja versucht und sind gescheitert.

Was sie in Wirklichkeit getan haben: Sie haben den einen Zwang gegen einen anderen ausgetauscht. Kein Wunder, daß es nicht funktioniert hat. Ein gemäßigtes, aber stetiges Vorgehen ist am sinnvollsten. Ich erinnere Messies oft daran, daß das Leben ein Marathon ist und kein Sprint. Jemand kann wieder in die alten Gewohnheiten zurückfallen, aber Untersuchungen haben gezeigt, daß das keineswegs heißen muß, daß damit alles verloren ist. Wenn man wieder anfängt, sich an die Regeln der Veränderung zu halten, dann ist man stärker als beim ersten Versuch und kann wieder auf Erfolg hoffen.

Kampf dem Chaos

1. Welche der fünf Anzeichen für zwanghaftes Verhalten nach Dr. Milkmans Checkliste (S. 58 f.) können Sie bei sich feststellen?

a.

b.

c.

d.

2. Wenn Sie bei sich selbst zwanghaftes Verhalten feststellen und glauben, daß Ihnen Hilfe von außen guttun würde, welche Schritte unternehmen Sie?

a. Mich einer Selbsthilfegruppe anschließen, möglichst einer, die sich speziell mit zwanghaftem Verhalten befaßt.

b. Eine Therapie beginnen, möglichst bei einem Therapeuten mit Erfahrung im Bereich zwanghaften Verhaltens. (Wenn Sie sich für diese Möglichkeit entscheiden, dann suchen Sie Hilfe möglichst bei einem Psychotherapeuten, der sich auch gegebenenfalls mit Medikation auskennt oder Beziehungen zu Ärzten mit Erfahrungen in diesem Bereich hat.)

3. Stellen Sie bei sich zwanghafte Verhaltensweisen in anderen Bereichen als in dem des Haushalts fest? (z. B. Essen, Spielen, Trinken, Beziehungen usw.) Beschreiben Sie sie genauer.

7

DEM KIND IN UNS ELTERN SEIN

Anne liebte ihren Vater. Es gab niemanden, der sie so gut behandelte wie er, vorausgesetzt, er war nüchtern. Aber je älter Anne wurde, desto kürzer wurden die Phasen, in denen er nüchtern war. Als sie zwölf war, dauerten die nüchternen Phasen des Vaters nur noch während seiner Arbeitszeit an. Anne hatte lange Zeit geglaubt, ihr Vater würde nach Hause kommen, statt sich zu betrinken, wenn sie ihm eine bessere Tochter wäre. Ihre Bemühungen, ihm zu gefallen, indem sie sauber und ordentlich war, brachten Anne an die Grenze der Zwanghaftigkeit. Was sie auch tat, sie tat es hundertfünfzigprozentig. Bald aber kam sie an den Punkt, an dem sie es zeitlich nicht mehr schaffte, alles perfekt einzuräumen, wo es hingehörte. Die Folge war, daß in ihrem Schlafzimmer haufenweise Kleidung herumlag, Schuhe und Accessoires, die sie einfach irgendwo hingeworfen hatte, *um nicht die Ordnung in den Schränken zu ruinieren.* Annes Bemühungen, die Kontrolle über den Vater zu bekommen, indem sie ihr eigenes Verhalten kontrollierte, führte dazu, daß sie insgesamt die Kontrolle *verlor.* Sie wurde Sklavin ihrer eigenen unrealistischen Anforderungen.

Im Kapitel über Süchte wird erwähnt, daß erwachsene Kinder von Alkoholikern ein maximales Risiko tragen, wiederum süchtige Verhaltensweisen zu entwickeln. Viele Menschen sind nicht in der Lage, ihr eigenes Leben zu organisieren, weil sie in durch Alkoholismus, Scheidung, psychische Krankheiten, Depressionen, Gewalttätigkeit oder Mißhandlung dysfunktional gewordenen Familien aufgewachsen sind.

Im vorliegenden Kapitel geht es darum, wie erwachsene Menschen lernen können, mit Desorganisation in ihrer Kindheit umzugehen. Das wird besonders für diejenigen von Interesse sein, die wissen oder vielleicht auch nur ahnen, daß die Familien, in denen sie aufgewachsen sind, gestört, also dysfunktional waren.

Viele Messies erzählen mir, daß sie zu Selbsthilfegruppen gehören, die nach der Methode der Anonymen Alkoholiker arbeiten. In diesen Gruppen wird nach einem 12-Schritte-Programm gearbeitet. (Dieses 12-Schritte-Programm der Anonymen Alkoholiker ist im Anhang dieses Buches abgedruckt.) In dem Kapitel über Süchte habe ich ja bereits erwähnt, daß es nichts Ungewöhnliches ist, wenn Menschen mit mehr als einem Problem in diesem Bereich zu tun haben, denn Süchte und zwanghaftes Verhalten allgemein treten häufig mehrfach auf. Wenn eine gestörte Kindheit der Kern Ihrer Desorganisiertheit ist, dann wird es bei Ihnen nur zu einer Veränderung kommen können, wenn Sie sich der Ursache bewußt werden und sich dem Ursprung Ihrer Probleme stellen.

In den frühen achtziger Jahren tat sich eine Gruppe von Menschen zusammen, die in dysfunktionalen Familien, meist Familien mit Alkoholikern, aufgewachsen waren. Unter der Bezeichnung »Al-Anon-Angehörigengruppen« wollten sie sich gegenseitig helfen, die negativen Auswirkungen ihrer Kindheiterfahrungen zu überwinden. Seit damals sind diese Gruppen unglaublich gewachsen, ein Zeichen für den enormen Bedarf an Hilfe in diesem Bereich.

Einige der allgemeinen Schwierigkeiten, die erwachsene Kinder von Alkoholikern haben, stimmen mit denen von Messies im Erwachsenenleben überein.

1. Kontrolle. In ihrem Buch »Leitfaden zur Genesung: A Book for Adult Children of Alcoholics« stellen Gravitz und Bowden die

Behauptung auf, daß *Kontrolle* der Begriff ist, der die Interaktion erwachsener Kinder von Alkoholikern am besten beschreibt. Die Autoren wenden dies nicht nur auf zwischenmenschliche Beziehungen an, sondern es gilt ihrer Meinung nach auch für den Bereich der Haushaltsführung. Paradoxerweise ist ein unordentlicher Haushalt häufig die Folge der Bemühungen von Messies, ihr Leben im Griff und damit unter Kontrolle zu behalten. Sie haben mehr Sachen als nötig gesammelt und aufbewahrt, damit sie immer zur Hand haben, was sie brauchen. Viel von dem Gesammelten liegt offen herum, damit es leicht zugänglich ist.

Einer der Gründe, warum solche Ansätze wie »Hausarbeit – leicht gemacht« bei vielen Leuten nicht funktionieren, besteht darin, daß sie die zugrundeliegende Angst vor Kontrollverlust nicht berücksichtigen. Emily Martin schreibt: »Die Konflikte, die Verwirrung und das Chaos im Alkoholikerhaushalt haben uns das Gefühl vermittelt, uns selbst und andere um des eigenen Überlebens willen unter Kontrolle haben zu müssen. Wir mußten die Kontrolle behalten, trotz und wegen der ständigen schrecklichen Furcht, alles könne jederzeit aus den Fugen geraten.«

Viele Menschen merken gar nicht, daß das Sammeln, Horten und Aufbewahren von Sachen und der Zwang, all diese Sachen auch ständig im Blick zu haben, ein Versuch ist, die Kontrolle zu behalten.

> Ein Kind, dessen Bedürfnisse chronisch übergangen werden, weil das oberste Interesse der Familie dem Alkohol gilt, lernt, seine eigenen Bedürfnisse zu unterdrücken und zu minimieren.

2. Zu stark und zu gering entwickeltes Verantwortungsbewußtsein. Wenn bei den Erwachsenen in einer Familie eine Störung vorliegt, dann springt oft ein Kind ein, um die Bedürfnisse innerhalb der Familie zu befriedigen. Es versucht, die von den Erwachsenen verweigerte oder abgeworfene Last aufzunehmen und zu tragen. Manchmal funktioniert das, und das Kind ist mit einigem Erfolg in der Lage, der Familie zu helfen, indem es »erwachsen« wird, allerdings um den Preis der eigenen Kindheit. Ich glaube, dies ist einer der Gründe, weshalb Messies sich ständig verantwortlich fühlen und versuchen, sozusagen »Übermutter« zu sein. Als Kinder haben sie die eigenen Bedürfnisse beiseite gestellt, um die Bedürfnisse anderer zu befriedigen. Als Erwachsene stehen ihnen dann keine anderen Verhaltensmuster zur Verfügung, weil sie sie nicht kennen. Viele ernsthafte und verantwortungsbewußte Erwachsene behalten diese zerstörerische, ihnen in der Kindheit aufgezwungene Rolle bei.

Ein solches Übermutter-Gefühl ist einer der Gründe, warum viele Messies, die aus Alkoholikerfamilien stammen, ihr Leben so vollstopfen mit allen möglichen helfenden Aktivitäten, wie beispielsweise Mitarbeit in der Kirche, Sozialberufe, ehrenamtliches Engagement in Wohltätigkeits- und sonstigen Hilfsorganisationen. Das sind wertvolle Tätigkeiten, vorausgesetzt, es herrscht eine Ausgewogenheit zwischen ihnen und anderen Aspekten des Lebens. Ein Mensch, der nur darauf aus ist, die Bedürfnisse anderer zu erfüllen, lebt ein zerstörerisches Extrem.

Andererseits haben aus Alkoholikerfamilien stammende Messies aber auch oft zuwenig Verantwortungsbewußtsein. Der jahrelange Kampf gegen die Übermacht des Alkohols und die ständigen Niederlagen in diesem Kampf haben sie gelehrt, daß manche Dinge außerhalb ihrer Kontrolle liegen. Sie fühlen sich besiegt und geschlagen. Unordentlichkeit gehört für viele von ihnen zu den Mächten, von denen sie glauben, daß sie sie nicht in den Griff bekommen können. In ihrem Bestseller »It Will Never Happen To Me« (»Mir wird das nie passieren«) schreibt Claudia Black, daß erwachsene Kinder von Alkoholikern »mit dem Gefühl leben, keine Macht zu haben, über ihren Lebensstil zu bestimmen«. Sie überträgt dieses Gefühl der Ohnmacht nicht auf die Umgebung, aber ich glaube, daß manche erwachsenen Kinder von Alkoholikern diesen Denkansatz auch in der Organisation ihres Haushalts umsetzen.

Es gibt noch zwei weitere Aspekte bei der Betrachtung der Beziehung erwachsener Kinder von Alkoholikern zur Ordnung.

Auch wenn ihre Kindheit vielleicht von äußerlicher Ordnung gekennzeichnet und geprägt war, haben sie dennoch so lange Zeit in einem persönlichen Chaos gelebt, daß sie gelernt haben, ein weit größeres Maß an Unordnung zu tolerieren, als man es für möglich halten sollte. Ja, manche mögen sogar das Chaos aus lauter Angst, das Leben in einer ordentlichen Umgebung und in einem geordneten Haushalt könnte langweilig werden.

Der zweite Gedanke, den man in Betracht ziehen sollte, ist der, daß der Haushalt ein Spiegel des Chaos ist, das im Herzen des erwachsenen Kindes von Alkoholikern immer noch existiert. Die Unordnung im Haushalt verschwindet erst dann, wenn die Unordnung im Herzen, deren Reflexion diese äußerliche Unordnung ja ist, ebenfalls bereinigt ist.

Viele Mitglieder von Al-Anon-Selbsthilfegruppen für erwachsene Kinder aus Alkoholikerfamilien sind aber in der Lage, die Unordnung in ihrem Leben in den Griff zu bekommen. Für viele dieser »Kinder« ist extreme Ordnung sogar einer der tröstlichen Aspekte in einer chaotischen Welt. Wenn Mama und Papa stritten und mit Sachen warfen, fanden Kinder Trost in ordentlich gefalteter Unterwäsche und penibel ausgerichteten Kleiderbügeln im Kleiderschrank. Wie bereits an anderer Stelle erwähnt, sind extreme Ordnung und extreme Unordnung unterschiedliche Teile desselben Ganzen. Die einen entwickeln sich in die eine Richtung als Reaktion auf den Streß in ihrem Leben, und die anderen entwickeln sich in die genau entgegengesetzte Richtung.

Ein Messie, der Hilfe durch eines meiner Bücher gefunden hatte, schrieb mir folgende Gedanken. Sie veranschaulichen, wie das Chaos von einer zur nächsten Generation weitergegeben wird und wie ein Kind mit seiner eigenen Version von Kontrolle auf das Chaos reagierte: »Als Kind sagte meine Mutter mir oft, daß ich eine Schlampe sei. Einmal fand sie Ameisen auf der Fensterbank und erging sich dann in einer halbstündigen Tirade darüber, daß sie nur da seien, weil ich immer im Wohnzimmer Kekse äße. ›Ich brauche Ordnung! Ich hasse Schmutz!‹ sagte sie oft. Nicht erwähnt wurde, daß sie chronisch depressiv und Alkoholikerin war als Folge einer schrecklichen Kindheit. Darüber wurde geschwiegen. Leugnung und Selbstbetrug waren unsere Mitbewohner. Als ich sechzehn war, bekam ich den ersten Schimmer von der ganzen Wahrheit. Mama schlief, und ich suchte in den Küchenschränken nach etwas Eßbarem. Bei uns waren schon immer winzige schwarze Käfer in der Küche herumgekrabbelt, was Mama auf unsere Ölöfen schob, denn jeder weiß, daß Käfer durch Fett angelockt werden. Auf dem obersten Regal im Küchenschrank über dem Herd lag ein ganzer Stapel zwei Jahre alter Spaghettipackungen, Mehl- und Zuckertüten (keine von ihnen war mehr verschlossen) und natürlich massenhaft glückliche emsige Käferchen. Da dämmert mir endlich, daß ich nicht die einzige ›Schlampe‹ im Haus war, und von dem Zeitpunkt an fühlte ich mich für die Ordnung in den Schränken verantwortlich.«

Diese Zeilen sprechen für sich.

3. Die eigenen Bedürfnisse und Gefühle ignorieren. Eines der Hauptanliegen dieses Buches besteht darin, herauszufinden, welche Bedürfnisse wir eigentlich haben, und zwar nicht nur die Bedürfnisse im Zusammenhang mit Haushalt und Hausarbeit. Das übergeordnete Ziel jedoch besteht darin, zu erkennen, daß ein dysfunktionaler Familienhintergrund auch zu Problemen im Bereich des Haushalts und der Bewältigung der Hausarbeit führen kann. Einen Großteil der Störungen in unserem Leben schaffen wir uns selbst, weil wir uns nicht genügend um unsere eigenen Bedürfnisse kümmern. Ein Kind, dessen Bedürfnisse permanent übergangen werden, weil in der Familie beispielsweise immer der Alkohol an erster Stelle steht, lernt es, seine eigenen Bedürfnisse zu unterdrükken und zu minimieren.

Die Familienmitglieder, die Alkoholiker sind, tun vielleicht ihr Bestes, um die Bedürfnisse des Kindes zu befriedigen, aber ihr oberstes Interesse und Engagement gilt letztlich dem Alkohol. Dieser Mangel an Aufmerksamkeit dem Kind gegenüber führt schließlich dazu, daß es kein gesundes Selbstwertgefühl mehr hat, was wiederum das Fundament für zwanghaftes und süchtiges Verhalten darstellt. Das Kind beginnt zu glauben, seine Bedürfnisse werden nicht befriedigt, weil es nicht wichtig ist. Schließlich bekommt es Schuldgefühle wegen seiner eigenen Bedürfnisse, denn es glaubt, es wäre nur eine Last für die anderen.

Diese Unfähigkeit, die eigenen Bedürnisse zu erkennen oder zum Ausdruck zu bringen, kann dazu führen, daß Messies versuchen, ohne die Befriedigung dieser Bedürfnisse zu leben und sich selbst Dinge nicht zuzugestehen, die für Durchschnittshausfrauen völlig selbstverständlich sind. Messies mit einem Alkoholikerelternhaus als Hintergrund kann es sehr schwerfallen, die Familie um Mithilfe im Haushalt zu bitten oder auch Haushaltsgeld für nötige Anschaffungen im Haus auszugeben. Ein ausreichendes Maß an Selbstverleugnung dieser Art kann Messies schließlich dermaßen frustrieren, daß sie irgendwann explodieren, in einem Wutanfall Hilfe fordern (auch wenn sie eigentlich gar nicht so recht wissen, wie diese Hilfe konkret aussehen soll), schreckliche Schuldgefühle haben wegen dieses Verhaltens und zur chronischen Leugnung der eigenen Gefühle und Bedürfnisse zurückkehren, bis es zum nächsten Frust-Ausbruch kommt.

Ein Kind aus einem dysfunktionalen Zuhause lernt, die eigenen Gefühle wegzudrücken und zu ignorieren. Es hat Angst vor Zorn, weil es sich daran erinnert, welche Zerstörung zu Hause durch Zorn angerichtet wurde. Ständig wurde dem Kind gesagt, alles sei in Ordnung. In Wirklichkeit war gar nichts in Ordnung, was das Kind auch sehr wohl spürte. Es wurde von ihm mehr Geduld und Verständnis erwartet, als es von seinem Alter her möglich war. Und um Verwirrung und Ungeduld unter Kontrolle zu behalten, lernte es, seine Gefühle, die ja doch nur Ärger machten, zu verdrängen. Um der düsteren Realität des Zuhauses zu entkommen, stürzte es sich in Aktivitäten. Und heute, als Erwachsener, packt es seinen Terminkalender randvoll, teils aus Gewohnheit, teils auch, um seine Gefühle im Griff zu behalten.

Dieses Verdrängen und Vermeiden von Gefühlen setzt sich also im Erwachsenenleben fort, und zwar auf eher unterschwellige Art und Weise. Beispielsweise können Messies, die nicht wissen, was ihnen gefällt, sich nicht für einen bestimmten Einrichtungsstil entscheiden. Es gibt nichts, was sie wirklich begeistert. Das kann der Grund sein, weshalb das Praktische bei ihnen Vorrang hat vor Schönheit. Schönheit beinhaltet immer Gefühle, beim ausschließlich Praktischen dagegen sind sie nicht unbedingt erforderlich.

Ich möchte dies mit einem Bild veranschaulichen: Wenn ich eine

Erkältung habe, esse ich meistens mehr als sonst. Weil ich mit verstopfter Nase nicht so gut schmecken kann, esse ich immer weiter, um etwas zu finden, was mich geschmacklich befriedigt. Ähnlich kann die Unfähigkeit, zu fühlen, Messies zu exzessiven Sammlern und Hortern machen. Sie hoffen ständig, etwas zu finden, das die Gefühle stimuliert, die sie vermissen.

> Die Unfähigkeit, zu fühlen, kann unter anderem dafür verantwortlich sein, daß Messies zu exzessiven Sammlern werden. Sie hoffen ständig, etwas zu finden, das ihre Gefühle stimuliert, die sie vermissen.

Emily Martin zitiert eine Liste von zwanzig Merkmalen erwachsener Kinder aus Alkoholikerfamilien, die von Thomas Perrin und einigen seiner Mitarbeiter formuliert worden sind. Vier dieser Merkmale haben direkt mit dem gerade erläuterten Problem zu tun.

- Es fällt mir schwer, Pläne und Projekte bis zum Ende zu verfolgen und durchzuhalten.
- Ich fühle mich entweder zu stark verantwortlich oder zu wenig.
- Ich stelle entweder meine Bedürfnisse total zurück oder will unmittelbare Befriedigung.
- Ich kann nicht gut mit Zeit umgehen und kann meine Prioritäten nicht sinnvoll setzen.

Nun möchten Sie wahrscheinlich wissen, welche der vielen Ursachen für Unordnung auf Sie zutrifft. Ist es A.D.D. (MCD)? Ist es zwanghaftes Verhalten? Ist die Unordnung durch ein dysfunktionales Familienleben in der Kindheit ausgelöst worden? Tatsache ist, daß meistens mehrere Ursachen zusammenkommen. Eine oder alle Ursachen können zur Problematik der Unordentlichkeit beitragen. Es ist unwahrscheinlich, daß alle genannten Faktoren auf Sie zutreffen. Und vielleicht sind einige Aspekte, die für Sie ganz wesentlich sind, hier gar nicht aufgeführt. Die von mir aufgezählten Faktoren können aber vielleicht einen Ausgangspunkt darstellen, von dem aus Sie Ihre eigene Situation betrachten und dann entscheiden können, welche Art von Hilfe Sie brauchen und wie Sie sie bekommen könnten. Letztendlich sind Sie es selbst, der/die für die eigene Genesung verantwortlich ist. »Aber der Geist ist es in den Menschen und der Odem des Allmächtigen, der sie verständig macht« (Hiob 32,8). Nachdem Sie erkannt haben, wo die Ursachen liegen können, sind Sie die Mutter des Kindes in Ihnen, das versucht, ohne das notwendige Rüstzeug das Leben eines Erwachsenen zu führen. Gehen Sie sanft vor. Seien Sie nett zu sich selbst. Gehen Sie klug vor. Gott segne Sie dabei.

Kampf dem Chaos

1. Gab es irgendwelche Störungen in der Familie bzw. in dem Zuhause, in dem Sie aufgewachsen sind, durch die auch noch heute Ihr Leben beeinträchtigt wird? Welche Störung(en) war(en) das? Erläutern Sie sie näher.

2. Gibt Ihnen Ihre Unordnung das Gefühl, alles im Griff zu haben, alles unter Kontrolle zu haben? Wenn dem so ist, in welcher Hinsicht? Wie sieht das konkret aus?

3. Haben Sie eine übermäßig verantwortungsbewußte Einstellung zu Ihrer Hausarbeit? Sind Sie in manchen Bereichen Ihres Haushaltes perfektionistisch? Erläutern Sie das näher.

4. Wie fühlen Sie sich, wenn Sie verantwortungslos sind? Hat diese Verantwortungslosigkeit mit einem Gefühl der Ohnmacht, der Machtlosigkeit zu tun, das Sie aus Ihrer Kindheit kennen?

5. Welche Schritte wollen Sie unternehmen, um diese Themen zu bearbeiten? (Vielleicht möchten Sie gern mehr lesen zum Thema »Aufwachsen in einer dysfunktionalen Familie« oder sich an eine regionale Gruppe der Anonymen Alkoholiker, der Guttempler, des Blauen Kreuzes, des Kreuzbundes o. ä. wenden, wo Ihnen sicher weitergeholfen werden kann.)

8

SAUBERKEIT – FRÖMMIGKEIT

Was wirklich dran ist

Ist Unordentlichkeit eine moralische Frage? Führen gute und rechtschaffene Frauen einen ordentlichen und sauberen Haushalt, während faule und schlampige Frauen in Unordnung leben? Ermahnt Gott diejenigen, die in diesem Bereich Schwierigkeiten haben, sich zu bessern?

In der Bibel ist von einer ganzen Reihe tatkräftiger Frauen die Rede, die mit interessanten Dingen beschäftigt sind. Wir fragen uns, wie sie ein so aktives Leben führen und außerdem noch ihren Haushalt bewältigen konnten.

Hanna war Witwe, 84 Jahre alt, lebte im Tempel und verbrachte ihren Tag mit dem Lob Gottes und dem Warten auf den Messias. Wenn sie morgens zum Beten ging, hinterließ sie dann ein tipptopp aufgeräumtes Zimmer, oder war sie in Gedanken nur beim Reich Gottes, während ihr Zimmer ein einziges Chaos war?

Und wie war das mit den berufstätigen Frauen? Debora war Richterin, die, lange bevor sie mit Barak in den Krieg zog, regelmäßig Gerichtsverhandlungen abhielt. Wie mag es bei ihr zu Hause ausgesehen haben? Beschwerte sich ihr Mann Lappidot wohl darüber, daß sie zu oft weg war und zu Hause alles drunter und drüber ging? Oder staunte er darüber, daß sie all ihre Aufgaben so gut bewältigte? Hatte sie Angestellte, oder half ihr Mann ihr im Haushalt?

Lydia, die erste europäische Christin, war eine Geschäftsfrau. Sie handelte mit kostbaren Stoffen. Schifra und Pua waren Hebammen. Allem Anschein nach bildeten sie auch Hebammen aus. Waren sie da überhaupt noch in der Lage, ihre Wohnungen in Ordnung zu halten? Auch in den Sprüchen ist von einer bemerkenswerten Frau die Rede. Sie näht, kocht, kauft Land und verkauft es dann gewinnbringend wieder, um das erwirtschaftete Geld in Ackerland zu investieren. Außerdem näht sie Leinenkleidung und Accessoires, die sie an Händler verkauft. Diese Frau hat Organisationstalent sowohl in bezug auf sich selbst als auch im Zusammenleben mit anderen.

Die Bibel beschreibt Frauen wie die zuvor genannten. Sie zeigt jedoch auch Frauen, die typisch weiblichen Tätigkeiten nachgehen.

Sie bringen Kinder zur Welt, oft unter schwierigen Umständen wie etwa Maria.

Sie versorgen ihre Familie mit Nahrung, wie beispielsweise die arme Witwe, die versuchte, ihren Sohn mit ein wenig Öl und Mehl satt zu bekommen.

Sie haben Gäste, wie Sara, die die Engel bewirtete, und Maria und Marta, die Jesus und seine Jünger bewirteten.

Sie kümmern sich um kranke Kinder, wie die sunamitische Frau, deren Kind auf dem Feld krank wurde.

Sie kämpfen gegen ihre eigenen Krankheiten an, wie etwa die blutflüssige Frau.

Sie haben mit Schmerz und Verlust zu kämpfen wie die Witwe, deren Sohn starb, und wie Maria und Marta, deren Bruder starb.

Sie gebrauchen ihre Sexualität, um das zu bekommen, was sie wollen, wie beispielsweise Delila mit Simson.

Die Bibel ist voll von dynamischen Menschen, die mit den vielfältigen Dingen des Lebens beschäftigt sind. Die Grundsätze des Reiches Gottes lassen sich sehr direkt auf den realen Lebensalltag anwenden. Aber von Haushaltsführung und -organisation – kein Wort.

Die Bibel deckt eine lange Zeitspanne ab und beschreibt viele verschiedene Lebensweisen. Abraham und seine Familie waren Nomaden, die in Zelten lebten. Ausgrabungen in der Gegend von Ur, wo er lebte, bevor sein Nomadenleben begann, weisen darauf hin, daß die damalige Kultur von Anmut geprägt war. Man trug schöne Kleidung und eleganten Schmuck. Die Frauen waren kompliziert geschminkt. In den goldenen Schminktöpfen der Königin fand man bei Ausgrabungen grünen, noch brauchbaren Lidschatten.

Sie lebten in einer arbeitsreichen Gesellschaft, aber sie hatten auch viele Hilfskräfte. (Die Frau etwa, die in Sprüche 31 beschrieben wird, spricht von Mägden, die sie zur Hilfe hatte.) Die Menschen damals hatten nicht viel Besitz, um den sie sich kümmern mußten. Es war nicht einfach, Dinge für das Haus oder für den täglichen Gebrauch zu produzieren. Weil sie häufig unterwegs waren und in Zelten lebten, behielten sie nichts Überflüssiges. Außerdem gab es bei ihnen keine Kaufhäuser, keine Versandhauskataloge und keine Kreditkarten, die zum Anhäufen von Besitz verlockten. Damals betrachtete man ein einziges Kleidungsstück bereits als einen Schatz. Es wird oft erwähnt, daß Kleidungsstücke beim Handel beliebte Tauschobjekte waren. Ein Israelit stahl in Jericho ein Kleidungsstück und vergrub es unter seinem Zelt. Simson verlor bei einer unglücklichen Wette mit den Freunden seiner Frau mehrere Kleidungsstücke. Die römischen Soldaten würfelten um die Kleider Jesu, die etwas Besonderes waren, weil sie nicht gesäumt waren.

Die Menschen in der damaligen Gesellschaft hatten viel Arbeit, aber wenig Besitztümer.

In der heutigen Gesellschaft ist es genau umgekehrt. Wir haben nicht viel Hilfe bei der Arbeit, die wir tun müssen, aber wir haben viele Sachen, um die wir uns kümmern müssen. Wir haben viele Besitztümer, aber wenig Arbeit.

Als die Juden sich später im Gelobten Land ansiedelten und ihre Lebensumstände stabiler und sicherer wurden, begannen auch sie, Güter anzusammeln, auf die sie dann achtgeben mußten. Gegen

Ende des Alten Testamentes haben manche sogar Winter- und Sommerhäuser. Trotzdem hatten sie im Vergleich mit uns heute einen sehr einfachen Lebensstil.

Aus der Bibel erhalten wir auch Hinweise darauf, wie die Menschen zur Zeit Jesu lebten. Jesus erzählt beispielsweise die Geschichte von der Frau, die eine Münze verlor und das gesamte Haus auf den Kopf stellte, um dieses eine Geldstück wiederzufinden. Das ist eine der wenigen Geschichten in der Bibel, in denen, wenn auch nur indirekt, von Haushalt die Rede ist. Durch Maria und Marta bekommen wir ein wenig Einblick in die Gästebewirtung der damaligen Zeit, als Marta sich bei Jesus darüber beschwert, daß Maria ihr nicht bei der Zubereitung des Essens hilft. Einmal abgesehen von einigen eher zufälligen Informationen über die damalige Kultur (z. B. daß sie die Dächer ihrer Häuser als eine Art Treffpunkt benutzten, so wie wir heute unsere Terrasse, und daß die ganze Familie in einem großen Bett schlief), gibt uns die Bibel kaum Aufschluß darüber, was Gott über den Zweck, die Verwendung oder den Zustand unseres Haushaltes sagt. Für Messies ist das meines Erachtens nur positiv zu bewerten, weil sie Schwierigkeiten damit haben, Anweisungen Außenstehender zur Haushaltsführung zu befolgen. Wir können unordentlich sein, ohne dadurch irgendein konkretes geistliches Gebot zu übertreten. Das gibt uns die Freiheit, das Problem direkt und ohne unnötige Selbstvorwürfe anzugehen, die uns eine Veränderung nur noch mehr erschweren würden.

Manchmal suchen Frauen, die sich gern ändern würden, nach einem Anstoß von außen, der sie in Gang setzt. Sie versuchen dann, Gott als diesen Anstoß zu gebrauchen. Aber Gott ist nicht der Peitschenschwinger, der uns dazu bringt, unser Haus zu putzen und in Ordnung zu halten. Reinlichkeit ist zwar wünschenswert, aber sie ist nicht seligmachend, und sie kommt auch nicht gleich nach Frömmigkeit.

Ich kenne eine Frau, die ihre Kinder fragt, ob sie Jesus gern als Gast in ihren unaufgeräumten Zimmern empfangen würden, wenn sie sie zum Aufräumen bringen will. Sie sagte mir, daß ihre Kinder dann sofort anfangen, Ordnung zu schaffen.

Irgendwie riecht mir das nach Manipulation. Es erweckt den

Eindruck, daß wir Gott für unsere Zwecke einsetzen, und das wäre verkehrt herum, denn Gott setzt uns für seine Ziele ein. Ich stelle fest, daß durch diese Methode die Kinder zwar aktiv werden in ihren Zimmern, aber hören die Kinder damit nicht auch gleichzeitig etwas über Gott, das er nie und an keiner Stelle über sich selbst offenbart hat? Erhalten sie nicht ein ganz falsches Bild von Gott? Aus Respekt vor ihm sollten wir uns davor hüten, ihn für unsere eigenen Zwecke einzusetzen, so lobenswert diese auch sein mögen. Wohlmeinende Freunde benutzen manchmal etwas, das sie für einen legitimen geistlichen Ansatz halten, zur Lösung der Problematik mangelhafter Haushaltsführung.

Eine Messie-Frau, die ich kenne, mit vier Kindern und einem katastrophal vollgestopften Zeitplan (und zu allem Überfluß auch noch einem Messie-Ehemann), erwähnte einer ständig putzenden und aufräumenden Freundin gegenüber, daß sie sich einfach mehr Zeit für ihre Hausarbeit wünsche.

»Nun, vielleicht fällt dir ja alles weitere zu, wenn du den Herrn vor alles andere stellst«, schlug die Freundin zögernd vor. »Der Herr segnet unser Haus, aber er spült nicht das Geschirr«, erwiderte die Messie-Freundin. »Entschuldige bitte, wenn das respektlos klingt, aber ich kenne eine Menge Leute, die ohne Gott leben und ein wunderschön sauberes und aufgeräumtes Zuhause haben. Ich muß mehr Zeit mit dem Herrn haben, um zu überleben.« Im Gegensatz zu dieser Einstellung planen manche Frauen ihren Tagesablauf und ihre Arbeit gar nicht und halten das für die geistlichste Haltung. Sie wachen jeden Morgen auf und sind offen für das, was der Tag ihnen von Gott bringen mag. Sie machen keine Arbeits- und Zeitpläne, und sie treffen auch keine Entscheidungen in bezug darauf, wie sie mit ihren Problemen umgehen wollen. Sie sagen manchmal, daß sie beten und auf Gottes Anweisungen warten. Als Gott Adam und Eva schuf, sagte er ihnen, daß sie sich die Erde untertan machen sollten. Wörtlich sagte er: »Lasset uns Menschen machen . . ., die da herrschen über die Fische im Meer und über die Vögel unter dem Himmel . . . und über alles Getier, das auf Erden kriecht (1. Mose 1,26). Ein Synonym für »herrschen« ist »kontrollieren«. Männer und Frauen sind dazu geschaffen, die Welt um sie her zu kontrollieren. Manchen Menschen, besonders

Messies, fällt es jedoch so schwer, Entscheidungen zu fällen, daß sie sich für den vermeintlichen »geistlichen« Ansatz entscheiden und einfach darauf warten, daß Gott für sie die Entscheidungen fällt. Das enthebt sie scheinbar ihrer Verantwortung und umgibt sie mit einer Aura der Heiligkeit. Wenn Sie auf eine Anweisung von Gott warten, dann weist er Sie möglicherweise an, ihr Leben wieder in den Griff zu bekommen. Das bedeutet nicht, daß Sie damit Gott die Kontrolle über Ihr Leben entziehen; es bedeutet, daß Sie Verantwortung für sich selbst übernehmen.

Wenn die Bibel zu einem bestimmten Thema keine konkreten Aussagen macht, dann können wir so manchen Schluß ziehen aus dem, was Gott in der Schöpfungsgeschichte sagt. Gott sah sich an, was er gemacht hatte, und siehe, es war sehr gut. Weil wir nach dem Bild Gottes geschaffen sind, haben wir den sehnlichen Wunsch, das von uns Geschaffene betrachten und sagen zu können: »Es ist sehr gut.« Enttäuschungen in diesem Bereich regen uns auf und machen uns traurig. Wir können nicht zulassen, daß die Unordnung die Oberhand gewinnt, und wir können uns darüber nicht freuen. Unordnung ist gegen unsere Natur.

Gott hat uns in der Schöpfungsgeschichte auch etwas über die Wichtigkeit von Beziehungen gesagt. »Es ist nicht gut, daß der Mensch allein sei.« Unordnung behindert das Aufbauen und Erhalten der wichtigen Beziehungen innerhalb der Familie.

Unordnung behindert uns auch in unserer Beziehung zu uns selbst. Wenn die Wohnung in Unordnung ist und unser Leben völlig planlos verläuft, dann verlieren wir die Verbindung zu den Bereichen in uns, die friedvoll und schön sind, und darunter leidet dann unser Selbstbild.

> Weil wir nach dem Bild Gottes geschaffen sind, wünschen wir uns sehnlichst, das von uns Geschaffene betrachten und sagen zu können: »Es ist sehr gut.«

Unordnung behindert uns darüber hinaus auch in unseren Beziehungen zu anderen. Wir können niemanden zu uns nach Hause einladen und mit ihnen über Gott reden. Unseren Kindern ist es peinlich, Freunde einzuladen. In manche Bereiche des Hauses möchten wir nicht einmal Handwerker hineinlassen.

Unordnung behindert unsere Beziehung zu den Menschen, die wir lieben. Instinktiv wissen wir, daß Schönheit und Ordnung ganz wesentliche Faktoren von Romantik sind. Romantik kann nicht im Chaos Wurzeln schlagen. Junge Männer und Frauen unternehmen alles mögliche, um für die oder den anderen, an dem sie Interesse haben, gut auszusehen und eine ordentliche und gepflegte Umgebung zu zeigen. Nehmen wir als Beispiel Annette. Als Teenager wäre sie lieber gestorben, als zu erleben, daß Rolf vorbeigekommen wäre und ein Chaos vorgefunden hätte. Ohne daß es ihr jemand gesagt hatte, wußte sie, daß Unordnung jeglicher Romantik einen Dämpfer verpaßt. Als Annette jedoch verheiratet war, vergaß sie das im Eifer des Alltags wieder, und die Romantik in ihrem Leben litt unweigerlich darunter. Rolf liebt sie. Ihre gemeinsamen Interessen machen ihnen Freude; die Tatsache, daß sie aufeinander bauen, bewirkt Stabilität in ihrem Zuhause. Ja, es kann sich sogar Romantik entwickeln, aber sie kann sich nie in dem Maße entfalten, wie das in einer entspannten, ordentlichen und organisierten Umgebung der Fall wäre. Es ist ihnen hoch anzurechnen, daß es ihnen in dieser ihnen eher feindlich gesonnenen Umgebung so gutgeht.

Unordnung stört auch unsere Beziehung zu Gott. Anbetung ist der Ausdruck einer Liebesbeziehung zu Gott, und sie »funktioniert« in gewisser Hinsicht ähnlich wie eine romantische Liebesbeziehung. Anbetung und Lobpreis können freier und lebendiger fließen in einem sonnigen Raum mit aufgeräumten Tischen und einem sauberen Teppich. Aber Annette versucht, den Herrn zu loben in einem Raum, der voll von ungebügelter Wäsche ist und in dem überall Schuhe herumfliegen und Berge von unbearbeiteten Papieren auf dem Schreibtisch liegen. Sie sagt sich, daß sie einfach nicht mehr Zeit hat für Gott. Dies ist aber nicht nur eine Frage der Zeit. Das ganze Haus wirkt entmutigend. Also wendet sich Annette von Gott ab und schaltet den Fernseher an, wo alle Leute aufgeräumte, saubere und gemütliche Wohnungen und Häuser haben.

Es stimmt, daß in der Bibel nirgends ganz konrekt steht: »Du sollst keinen unordentlichen Haushalt führen.« Aber es ist unschwer zu erkennen, daß die Haushaltsführung eine wichtige Rolle spielt in unseren persönlichen, familiären und geistlichen Beziehungen. Um diese Beziehungen zu ihrer vollen Entfaltung zu bringen, müssen wir das Bedürfnis nach Schönheit und Ordnung im Haus einfach akzeptieren. Unordnung ist also keine Frage der Moral, aber sie ist ein sehr wichtiges persönliches Thema.

Wie an allen wichtigen Themen ist Gott auch daran interessiert, und es ist ihm wirklich daran gelegen, uns dort zu helfen, wo wir in Not sind.

Kampf dem Chaos

1. Wenn es Ihnen Schwierigkeiten macht, Ihr Haus oder Ihre Wohnung in Ordnung zu halten, denken Sie dann manchmal, daß Ihre Unordnung sich negativ auf Ihre Beziehung zu Gott auswirkt? Glauben Sie, daß diese Gefühle angemessen sind? Erklären Sie das.

2. Eine Frau in Chicago wurde nie rechtzeitig mit ihrer Arbeit fertig, weil sie glaubte, daß es ihre geistliche Pflicht sei, alles perfekt zu machen, denn in der Bibel steht ja: »Seid vollkommen.« Inwiefern hat die geistliche Dimension in Ihrem Leben Beziehung zu irgendeiner Form zwanghaften Verhaltens, das Sie möglicherweise haben?

3. Benutzen Sie Ihre Beziehung zu Gott, um zwanghafte Neigungen zu mäßigen oder zu intensivieren? Erläutern Sie das näher.

4. Fällt Ihnen eine Aussage der Bibel zum Thema Haushalt und Hausarbeit ein, die in diesem Kapitel nicht erwähnt worden ist?

5. Inwiefern stört der Zustand Ihres Haushaltes Ihre Beziehungen zu anderen, wie beispielsweise zur Familie, zu Freunden und zu Nachbarn?

6. Beschreiben Sie, wie der Platz bei Ihnen zu Hause aussehen müßte, an dem sie Gott gern in der Anbetung begegnen würden.

9

SICH VERÄNDERN

Oder sich nicht verändern

»Ich habe nie die Dinge getan, die ich eigentlich mein ganzes Leben lang tun wollte«, sagt Babbit in der letzten Zeile von Sinclair Lewis gleichnamigem Roman.

Messies leben oft so wie Babbit. Es ist eines ihrer Prinzipien, sich selbst zu verleugnen. Viele Messies verleugnen ihre Gefühle schon so lange, daß sie die Verbindung zu sich selbst und ihren Wünschen verloren haben. Sie haben keinen eigenen Geschmack und keinen Stil, und sie wissen nicht, welche Farben und Stilrichtungen ihnen überhaupt gefallen. Sie meinen, daß sie einen Innenarchitekten brauchen, aber sie haben keine Ahnung, was sie mit dem besprechen sollten. Es ist schwierig für Messies, herauszufinden, was sie kaufen können, um ihr Zuhause zu verschönern. Sie sind es so sehr gewohnt, sich selbst zu übergehen, daß ihnen gar nicht mehr bewußt ist, was sie sich alles nicht zugestehen.

Die Bereitschaft, mit unbefriedigten Bedürfnissen zu leben, rührt möglicherweise von einem Hintergrund her, auf dem alle Bedürfnisse des Kindes permanent übergangen wurden.

Über Kinder aus dysfunktionalen Familien schreiben Gravitz und Bowden: »Das sind Kinder, die jeden Vorschlag annehmen, weil sie scheinbar nicht bereit oder fähig sind, Entscheidungen zu treffen. Sie zucken nur die Schultern und sagen: ›Ist doch egal . . .‹, denn sie haben kein Gefühl für die eigenen Bedürfnisse. Irgendwo unterwegs verlieren sie dann das Gefühl der Macht und des Selbst durch die Überzeugung, ihre Umgebung und ihr eigenes Leben ohnehin nicht beeinflussen zu können.« An anderer Stelle schreiben dieselben Autoren: »Erwachsene Kinder von Alkoholikern machen vielleicht die Erfahrung, daß es Schuldgefühle in ihnen hervorruft, wenn sie ihre eigenen persönlichen Bedürfnisse eingestehen, weil sie gelernt haben, daß ihre Bedürfnisse für andere bestenfalls eine Zumutung sind.« Ich traf auf einem Seminar einmal eine Frau, deren Fußboden in ihrer Wohnung übersät war mit Büchern. Sie merkte nicht, daß sie ein Bücherregal brauchte. Als ich zu ihr sagte, daß sie eins bräuchte, sah sie mich ganz erstaunt an. Dieser Mangel an Bewußtsein für die eigenen Bedürfnisse ist ein Grund, weshalb die Anleitung in unterschiedlichen Organisationsmethoden nur bedingt hilfreich sind. Sie sagen einem zwar, was man *tun sollte*, aber sie stellen einen nicht darauf ein, was man *tun möchte* und was zu tun *nötig ist*.

Wenn Sie mit chronischer Unordnung zu kämpfen haben, dann verleugnen Sie sich selbst, ohne es zu merken.

Haushaltsführung zu lernen, das ist wie tanzen zu lernen. Wenn man kein Gefühl für die Musik hat, dann kann man sich nur mechanisch bewegen. Genauso ist es mit der Hausarbeit und dem Führen eines Haushaltes. Ihre Wünsche und Sehnsüchte sind die Musik, und Ihre Haushaltsführung bewegt sich dazu harmonisch. *Dann und nur dann* wird Hausarbeit mehr als eine mechanische Pflicht ohne Freude und Anmut.

Im Mittelalter war Tanzen das Symbol für Leben. Gott wurde »Herr des Tanzes« genannt.

Es gibt ein berühmtes englisches Volkslied, dessen Refrain lautet:

»I'll lead you on wherever you may be,
I'll lead you on in the dance said he.«

(Ich werde dich leiten, wo immer du auch sein magst,
ich werde dich im Tanz leiten, sagte er.)

Viele Messies trauen ihren eigenen Gefühlen nicht. Sie haben Angst, sie könnten egoistisch werden und ihre höheren geistlichen Ziele verleugnen, wenn sie anfangen, auch einen eigenen Geschmack, eigene Wünsche und Bedürfnisse zuzulassen. Die eigenen Gefühle und Bedürfnisse zu verleugnen, ist dic Ursache für ein unausgewogenes Leben. Wenn wir aber von der Leugnung her leben, dann werden wir süchtig nach mehr »Zeugs«; dann müssen wir Sicherheit in unseren Besitztümern finden und packen unser Leben so voll, daß es niemals erfüllt sein kann. Wenn wir keinen Zugang zu unseren Gefühlen und Bedürfnissen mehr haben, dann bekommen wir die genannten Probleme und Schwierigkeiten mit unserem Haushalt. Wenn wir unsere Wünsche und Bedürfnisse akzeptieren, dann kommt auch unser Haushalt wieder ins Lot.

Einen Haushalt zu führen, ist wie tanzen zu lernen. Wenn man kein Gefühl für die Musik hat, dann ist es nur mechanische Bewegung.

Wir nähern uns dem Augenblick, in dem Sie sich entscheiden müssen, ob Sie etwas ändern wollen oder nicht, in dem Sie die Wahl haben zwischen Ordnung und Unordnung, zwischen Schönheit, Gemütlichkeit und Chaos. Um sich auf diese Entscheidung vorzubereiten, müssen Sie Zugang zu Ihren eigenen Wünschen bekommen.

Welchen der folgenden Lebensstile wünschen Sie sich? Sehen Sie sich die genannten Begründungen dafür an, Ihr Haus unter Kontrolle zu bekommen, und kreuzen Sie die Punkte an, die Ihre Wünsche wiedergeben.

Gründe dafür, den Haushalt in den Griff zu bekommen

☐ **1. Damit das Haus besser aussieht für Besuch.** Es ist peinlich für Leute, die nur kurz vorbeischauen, wenn das Haus in Unordnung ist. Wenn man wie verrückt arbeitet, um die Unordnung zu verstecken, dann muß man einige unordentliche Bereiche zu Tabu-Zonen erklären. Die Angst vor der Entdeckung trübt wiederum die Freude am Besuch.

Sie würden gern einen Handwerker rufen können und ihn hereinlassen, ohne daß es Ihnen peinlich ist. Handwerker sind zwar kein Besuch in dem Sinne, aber trotzdem ...

☐ **2. Damit das Haus für Sie selbst besser aussieht.** Sie haben es satt, in dem Chaos und der damit verbundenen Häßlichkeit zu leben. Es ist ermüdend, ständig Chaos und Unordnung vor Augen zu haben. Obwohl Sie sich in gewissem Maße daran gewöhnt haben und versuchen, das Durcheinander einfach zu akzeptieren, vermiest Ihnen diese Art zu leben ein gutes Stück Lebensfreude.

☐ **3. Damit der Haushalt besser funktioniert.** Wenn man Sachen nicht finden kann, wenn man erst eine Sache wegrücken muß, um eine andere abstellen zu können, wenn nicht alles vorrätig ist, was man für ein bestimmtes Vorhaben benötigt, dann funktioniert Ihr Haushalt nicht. Sie wünschen sich einen funktionierenden Haushalt.

☐ **4. Für eine(n) spezielle(n) Freund(in).** Sie würden gern Ihren Freund zu sich nach Hause einladen, aber Sie möchten nicht, daß er Ihre Unordnung sieht. Sie würden gern glauben, daß ihm das eigentlich egal sein müßte, wenn er Sie wirklich liebt, aber Sie wissen genau, daß das nicht stimmt. Wie es bei Ihnen aussieht, fällt schließlich auf Sie zurück, auch wenn Sie meinen, daß es das nicht sollte.

☐ **5. Damit Sie das Haus oder die Wohnung schön einrichten und gestalten können.** Sie wissen, daß es lächerlich wäre, das

Haus, so wie es jetzt ist, zu dekorieren. Manchmal versuchen Sie es trotzdem, aber wegen der Unordnung sieht es nie schön aus.

☐ **6. Damit Sie ohne Schuldgefühle aus dem Haus gehen können.** Sie haben schon seit langem zwiespältige Gefühle, wenn Sie das Haus verlassen, um irgend etwas zu unternehmen. Einerseits gestehen Sie sich viele Aktivitäten außer Haus nicht zu mit der Begründung, »endlich etwas am Zustand dieses Haushaltes zu ändern«, auf der anderen Seite suchen Sie nach Gelegenheiten, Dinge außer Haus zu unternehmen und zu erledigen, nur um raus zu kommen. Sie möchten Ihren Haushalt in Ordnung bringen, damit Sie mit einem guten Gefühl zu Hause bleiben, aber auch ohne Schuldgefühle weggehen können.

☐ **7. Damit Sie nicht so schwer arbeiten müssen.** Leute, die auch kein ordentlicheres Haus haben als Sie, müssen offensichtlich dennoch nicht so schuften wie Sie. In Ihrem Haushalt ist schon die Erledigung kleiner Dinge ein größeres Unterfangen. Sie verbringen viel Zeit damit, Sachen zu suchen. Schon allein das morgendliche Ankleiden kann anstrengend sein, weil Sie die Sachen, die Sie anziehen möchten, erst in der Unordnung orten müssen. Sie wünschen sich ein einfacheres Leben.

☐ **8. Um von anderen in Ruhe gelassen zu werden.** Andere nörgeln ständig daran herum, wie Ihr Haus oder Ihre Wohnung aussieht. Vielleicht hat Ihnen Ihr Mann schon einmal gedroht, Sie zu verlassen, wenn nicht endlich Ordnung einkehrt. Vielleicht hat er seine Drohung sogar schon wahr gemacht.

☐ **9. Rechtliche Gründe.** Manche Messies geraten wegen ihrer Unordnung sogar mit dem Gesetz in Konflikt. Manche Ehemänner benutzen die Desorganisation ihrer Frauen in Sorgerechtsprozessen, um das Sorgerecht für die Kinder zu bekommen. Und manchmal rufen Nachbarn das Jugendamt oder das Ordnungsamt an, weil sie sich Gedanken über Gesundheitsrisiken machen oder einfach weil ihnen der Anblick des Unrates in ihrer unmittelbaren Nähe auf die Nerven geht.

☐ **10. Depressive Verstimmung.** Das Leben ist weniger lebenswert, wenn man sich wegen des im Hause herrschenden Chaos so mies fühlt. Ihr Selbstwertgefühl ist auf dem Nullpunkt angekommen. Sie wünschen sich emotionale Befreiung von ihrer depressiven Verstimmtheit, von Schuldgefühlen und von der Wut, die Sie empfinden.

Gründe dafür, das Haus so unordentlich zu lassen, wie es ist:

☐ **1. Keine Hoffnung mehr.** Die Aufgabe einer nötigen Veränderung erscheint Ihnen einfach zu gigantisch. Sie haben keine Hoffnung auf Erfolg. Es ist besser, es gar nicht erst zu versuchen, als viel Energie und Hoffnung zu investieren und doch zu scheitern.

☐ **2. Zuviel Arbeit.** Sie sind ein Typ, der sich gern gemütlich zurücklehnt. Ihre Konzentrationsfähigkeit und Ihr Interesse reichen nicht aus, um das Haus in Ordnung zu bringen und zu halten.

☐ **3. Probleme mit der Familie.** Sie selbst möchten sich gerne ändern, aber möchte Ihre Familie das auch? Vielleicht würden die anderen Familienmitglieder einen Anfall bekommen, wenn sie auf einmal ihre Sachen wegräumen und mit darauf achten müßten, daß das Haus schön und ordentlich bleibt.

☐ **4. Beeinträchtigung oder Zerstörung der Kreativität.** Sie möchten nicht die mit Ihrer Unordentlichkeit einhergehende Kreativität verlieren. Sie glauben, daß unordentliche Menschen einfach kreativer und darüber hinaus auch wesentlich interessanter sind.

☐ **5. Andere Interessen.** Ordnung im Haus gehört nicht zu Ihren Prioritäten. Sie haben andere Interessen, andere Dinge, für die Sie eher bereit sind, Zeit und Energie einzusetzen.

☐ **6. Veränderung des Selbstbildes.** Sie halten sich selbst für unordentlich und desorganisiert. Wer wären Sie eigentlich, wenn Sie sich ändern würden? Würden Sie dann vielleicht in eine Identitätskrise geraten?

☐ **7. Furcht vor Egoismus und falscher Wertigkeit.** Wenn Sie beginnen würden, an Ihre eigenen Bedürfnisse zu denken und daran, das Haus zu verändern, damit es schöner wird, dann könnten Sie vielleicht egoistisch werden, meinen Sie. Sie glauben, daß es, vom geistlichen Standpunkt aus betrachtet, besser ist, sich nicht zu sehr darauf zu konzentrieren, wie es im Haushalt aussieht. Andere Dinge haben Ihre Aufmerksamkeit, Ihre Kraft und Ihr Interesse nötiger.

☐ **8. Es kostet zuviel.** Das Haus in Ordnung zu bringen, würde zuviel Geld kosten, und das Geld brauchen Sie für andere Dinge, beispielsweise für die Ausbildung Ihrer Kinder, zum Reisen und für kulturelle Veranstaltungen. Das sind dauerhafte Werte. Möbel und zeitsparende Haushaltsgeräte etwa sind für Sie nur irdische Werte.

☐ **9. Keine Entschuldigung mehr.** Ihr unordentlicher Haushalt ist immer eine Entschuldigung dafür gewesen, daß Sie zu nichts anderem gekommen sind. Wenn Sie das Haus irgendwann wirklich in Ordnung haben sollten, käme vielleicht eine Flut sonstiger Verpflichtungen auf Sie zu. Vielleicht würden Sie sich dann sogar verpflichtet fühlen, öfter Leute zu sich einzuladen, und Sie sind sich gar nicht so sicher, ob Sie das überhaupt wollen.

☐ **10. Sie haben kein schönes Zuhause verdient.** Manche Menschen haben es verdient, schön zu wohnen, aber Sie glauben nicht, daß Sie zu diesen Menschen gehören. Warum sollten Sie also daran arbeiten?

☐ **11. Um gebraucht zu werden.** Wenn das Haus in Ordnung kommt, haben Sie womöglich nichts mehr zu tun. Sie haben dann nicht mehr das Gefühl, gebraucht zu werden.

☐ **12. Um einen Machtkampf zu gewinnen.** Sie haben in Ihrer Unordentlichkeit eine perfekte Methode, Ihren Willen jemandem aufzuzwingen, der versucht, Sie zu dirigieren. Vielleicht will Ihre Familie, daß Sie das Haus in Ordnung halten. Sie tun das aber nicht. Wenn es also unordentlich ist, haben Sie gewonnen.

☐ **13. Um jemanden zu bestrafen.** Sie setzen das unordentliche Haus ein, um sich an jemandem zu rächen. Sie wissen, daß Sie gewisse Personen aufregen können, wenn es bei Ihnen zu Hause chaotisch aussieht, also tun Sie es.

☐ **14. Um Ihre Freundschaften zu testen.** Diejenigen, die Sie trotz Ihres chaotischen Haushalts mögen, sind wahre Freunde. Sie können die Treue Ihrer Freunde also auf die Probe stellen, indem Sie sie mit zu sich nach Hause nehmen. Wenn die Freunde Sie wirklich mögen, dann ist Ihnen der Zustand des Haushaltes egal.

☐ **15. Unfähigkeit in organisatorischen Dingen.** Manche Leute können einfach gut organisieren, aber Sie haben keine Ahnung, wo sie anfangen und wie Sie dann weitermachen sollen.

☐ **16. Angst, Fehler zu machen.** Es könnte geschehen, daß Sie etwas sehr Wichtiges wegwerfen. Und es könnte sein, daß Ihr Organisationssystem nicht funktioniert. Es ist also immer noch besser, nichts zu verändern, als Fehler zu machen. Sie möchten nicht ständig etwas bedauern und bereuen.

☐ **17. Krisenorientiertes Leben.** Es gehört zum Wesen von Messies, daß sie von einer Krise zur nächsten leben. Sie organisieren Ihr Leben so, daß mit Sicherheit immer irgendwo eine Krise lauert oder aufbricht. Wenn keine von selbst eintritt, dann helfen Sie eben nach und produzieren eine. Ein krisenorientiertes Leben hält Sie in einem Zustand ständiger Aktivität, und diese Aktivität gibt Ihnen das Gefühl, zu leben und nützlich zu sein. All diese Aktivitäten und das Chaos sorgen außerdem dafür, daß Sie so beschäftigt sind, daß Sie sich mit unangenehmen Bereichen Ihres Lebens nicht zu befassen brauchen.

Kampf dem Chaos

1. Nennen Sie die Gründe, die Sie für eine Veränderung in Ihrem Haushalt angekreuzt haben, und markieren Sie die wesentlichsten Gründe noch einmal gesondert.

a.

b.

c.

d.

2. Zählen Sie die Gründe auf, die Sie für das Beibehalten der Unordnung angekreuzt haben. Markieren Sie die wichtigsten Gründe.

a.

b.

c.

d.

e.

3. Wenn Sie sich die zweite Liste ansehen, werden Sie feststellen, daß die meisten Gründe für ein Beibehalten Ihres Chaos etwas mit Angst zu tun haben. Ich habe ja bereits an anderer Stelle erwähnt, daß Messies emotionaler mit ihrem Haushalt verbunden sind als erfolgreiche Hausfrauen. Messies lieben ihre Sachen inniger. Sie haben aber auch häufiger Ängste. Solche Ängste lähmen viele Messies, die sich doch so gern verändern möchten. Was hält Sie davon ab, das Haus in Ordnung zu bringen?

a.

b.

c.

4. Versuchen Sie, Möglichkeiten zu finden, wie Sie diese Ängste überwinden und frei werden können, um Ihren Haushalt in Ordnung zu bringen. Zählen Sie drei Schritte auf, die Ihnen bei der Überwindung der Angst, die Sie zurückhält, helfen könnten.

a.

b.

c.

5. Wann haben Sie zum ersten Mal bemerkt, daß es Ihnen Schwierigkeiten macht, den Haushalt in Ordnung zu halten?

6. Wie haben Sie das bemerkt?

7. Was geschah, als Sie zum ersten Mal versuchten, etwas daran zu ändern?

8. Was hat Ihren Erfolg verhindert?

9. Was hat ihn seither verhindert? Sind es dieselben Gründe wie damals oder andere?

Ein Haus in seinem unordentlichen Zustand zu belassen, ist eine legitime Entscheidung, aber es fällt mir schwer, diese Möglichkeit anzubieten, weil ich den damit verbundenen Kummer und Streß kenne.

Sie können sich dafür entscheiden, einen unordentlichen Haushalt zu haben. Wenn Sie das tun, dann wissen Sie, welche Probleme damit auf Sie zukommen. Wenn Sie sich dafür entscheiden, ein ordentliches und schönes Haus zu haben, dann wissen Sie noch nicht, welche Schwierigkeiten oder auch Freuden Sie erwarten. Ich versichere Ihnen jedoch, daß Sie sich so befreit fühlen werden, als würden Ihnen Zentnerlasten abgenommen, wenn sich Ihr Leben ändert, und zwar nicht deshalb, weil Ihr Zuhause jetzt schön und gemütlich ist – auch wenn das etwas Wunderbares ist –, sondern weil Sie ein Gefühl der Kontrolle, des »Im-Griff-Habens«, bekommen werden.

Ihre Entscheidung wird Sie aber auch mit neuen Problemen konfrontieren. Sie werden Fehler machen, aber es ist, wie der Dichter Walt Whitman gesagt hat: »Der Mann, der keinen Fehler machen kann, kann gar nichts machen.«

Es gibt eine Fabel, in der von einem cleveren jungen Mann die Rede ist, der von einem Weisen hörte, über den gesagt wurde, er könne den Menschen ins Herz schauen und Dinge erkennen, die sonst niemand wüßte. Um die Aufmerksamkeit auf seine eigene Schlauheit zu lenken, beschloß der junge Mann, den Weisen zu diskreditieren, indem er ihn einer Prüfung unterzog, die unmöglich zu bestehen war. Er erzählte seinen jungen Gefährten von seinem Plan. Er würde einen lebendigen Vogel fangen und ihn hinter seinem Rücken verbergen. Dann wollte er den Weisen fragen, ob der Vogel tot oder lebendig sei. Wenn der Weise sagen würde, der Vogel sei tot, würde der junge Mann ihm den lebendigen Vogel zeigen. Wenn der Weise aber antworten würde, der Vogel sei lebendig, würde er dem Vogel hinter seinem Rücken schnell den Hals umdrehen und dem Mann den toten Vogel zeigen.

Am verabredeten Tag traf sich der junge Mann in Begleitung seiner Gefährten mit dem Weisen. »O großer Weiser«, begann er, »ich halte in meiner Hand einen Vogel. Sage mir, ob der Vogel tot oder lebendig ist.«

Der Weise, der in der Tat ein weiser Man war, betrachtete den jungen Mann und seine beiden Freunde, die alle auf eine Antwort warteten, und weil er den Plan des jungen Mannes durchschaut hatte, antwortete er: »Der Vogel ist so, wie du es willst, junger Freund, ganz wie du willst.«

Sie haben das Schicksal Ihres Haushaltes in der Hand: Ihr Haushalt wird so aussehen, *wie Sie es wollen.*

Es ist so, wie du willst.

Wenn Sie bisher noch keine Stelle in diesem Buch markiert haben, dann markieren Sie jetzt diese.

Sie haben vier Möglichkeiten:

1. Sie bleiben ein Messie und hören auf, dagegen anzukämpfen.
2. Sie bleiben unordentlich und hassen diesen Zustand jeden Augenblick.
3. Sie strengen sich noch mehr an und arbeiten noch intensiver, indem Sie verschiedene organisatorische Tricks probieren, um das Haus ordentlicher zu bekommen.
4. Sie bekommen ein ordentliches Haus, ohne sich mit neuen Organisationsmethoden abzukämpfen.

Die letzte Möglichkeit klingt zu schön, um wahr zu sein, aber es ist die einzige, die wirklich funktioniert. Sie funktioniert fast ebenso geheimnisvoll wie ein Zauberstab. Der zweite Teil dieses Buches zeigt Ihnen, wie Sie in den Besitz dieses Zauberstabes gelangen können.

TEIL 2

DAS »WIE«

Das Messie-Denken überwinden

In Teil 1 ging es um die Gründe für die Denkweise von Messies. Im folgenden soll davon die Rede sein, wie diese Denkweise überwunden werden kann. Es soll dabei um die Themen gehen wie beispielsweise die Frage, warum neue und immer mehr Organisationsmethoden nicht funktionieren; warum es nichts nützt, wenn man noch mehr und noch härter arbeitet; wie man innerhalb einer Messie-Familie zurechtkommt oder wie man den Streß bewältigt, den ein desorganisiertes Leben nach sich zieht.

1

DAS ORDENTLICHE LEBEN LEBEN

Lassen Sie mich eine kleine Geschichte erzählen. Ein junger Mann absolvierte den besten High-School-Abschluß seiner Schule und bewarb sich um einen Studienplatz, obwohl der Gedanke an ein Studium an einer großen Universität ihn eher erschreckte. Natürlich würde er dort nur einer unter vielen sein, aber eignete er sich wirklich für ein Universitätsstudium? Er füllte seine Bewerbungsunterlagen aus, legte eine Zulassungsprüfung ab und wartete dann ab. Das Ergebnis bestätigte seine schlimmsten Befürchtungen. Er war zwar angenommen worden, aber die Testergebnisse besagten, daß er über nur durchschnittliche Intelligenz verfüge, ja daß er intelligenzmäßig vielleicht sogar ein wenig unter dem Durchschnitt lag.

Er bekam in seinen Kursen nur schlechte Noten und war kurz davor, sein Studium abzubrechen, als sein Studienberater ihn zu sich bestellte. Wie es käme, so wollte er wissen, daß ein High-School-Absolvent, der eigentlich nur Einser-Noten geschrieben hatte, plötzlich nicht mehr als einen Durchschnitt von Vier zustande brächte. Der junge Mann erklärte, daß sein niedriger I.Q. von nur 98 es unmöglich machte, die von ihm belegten Seminare mit Erfolg abzuschließen. Völlig verdutzt erklärte der Berater, daß die Zahl 98 auf dem Prüfungsbericht nichts über den I.Q. des Prüfungskandidaten aussagte, sondern den Prozentsatz derjenigen benannte, die bei dem Test ein ähnliches Ergebnis erzielt hatten wie er selbst. Diese Information war für den jungen Mann eine Befreiung, und von da an schrieb er wieder gute Noten.

An diesem Beispiel wird deutlich, daß es nicht genügt, eine Fähigkeit zu *haben*. Wir müssen auch *wissen*, daß wir sie haben, bevor wir sie einsetzen können. Wenn wir unsere Fähigkeiten oder unsere fehlenden Fähigkeiten genauer betrachten, führt das bei uns Messies in der Regel zu der Schlußfolgerung, wir wären einfach unfähig, unseren Haushalt in Ordnung zu halten oder zu bringen.

Auch der Ausdruck »Messie«, mit dem wir uns selbst bezeichnen, vermittelt uns möglicherweise einen falschen Eindruck von uns selbst und macht uns glauben, wir seien unfähig in Sachen Haushalt. Aber weit gefehlt! Einen Haushalt in Ordnung zu bringen, erfordert nichts, was wir nicht haben oder bekommen könnten. Auch in Ihnen steckt ein ordentlicher Mensch. Das ist auch der Grund, weshalb Sie dieses Buch lesen. Sie möchten, daß der ordentliche Mensch in Ihnen zum Vorschein und zur Entfaltung kommt. Sie müssen Ihre Aufmerksamkeit umlenken von der Denkweise der unordentlichen Person in Ihnen, die Ihr ganzes Leben beherrscht hat, bis hin zu dem Denken des ordentlichen Menschen in Ihnen. Diese Veränderung erfordert Zeit. Alte Gedanken und Gewohnheiten verschwinden nicht einfach von heute auf morgen. Aber es gelingt auch nicht mit Kampf. Erst dann, wenn im Denken des kämpfenden Messies der Wunsch nach Ordnung zum stärksten Wunsch wird, hört das Kämpfen auf, und es entsteht Ordnung. Im zweiten Teil dieses Buches soll es darum gehen, diese Denkweise zu praktizieren und das alte, von Angst geprägte und erfolglose Denken hinter sich zu lassen.

Haben Sie Geduld mit sich selbst. Sie tun das Ganze nicht für Ihren Mann, nicht für Ihre Familie, nicht für Freunde oder für irgend jemanden sonst, sondern für sich selbst. Sie müssen sich nicht selbst etwas beweisen und den besagten Menschen in Ihrem Umfeld erst recht nicht. Machen Sie sich auf Rückschläge gefaßt. Wenn die Veränderung einsetzt, wird der unordentliche Teil in Ihnen merken, wie er schrumpft, und er wird versuchen, Sie zurückzuholen. Er wird alles mögliche anstellen, Ihre Erfolge zu sabotieren und Sie zum bequemeren und vertrauteren Lebensstil des Messies zurückzugewinnen. Aber geben Sie nicht nach.

Ich war oft in großer Versuchung, wieder zu meinem alten Lebensstil zurückzukehren. Das einzige, was mich davon abhielt, war meine fehlende Bereitschaft, mich mit dem damit verbundenen Schmerz und Ärger abzufinden. Meine Familie, der ich Unordnung antrainiert hatte, stellte mir so manches Hindernis in den Weg. Dennoch ist es mir, wie vielen anderen, gelungen, in Schönheit und Ordnung zu leben.

Sie benötigen weder Disziplin noch eine verbindliche Verpflichtung, um dieses Programm erfolgreich zu absolvieren. Das einzige, was nötig ist: Sie brauchen die Vision, daß Sie ein Mensch mit Würde und Wert sind und daß sich das in Ihrem Lebensstil widerspiegeln möge. Wenn diese Vision erst einmal vorhanden ist, dann werden erstaunliche Dinge geschehen.

Wenn Sie die erfolgreiche Hausfrau in Ihnen freisetzen, dann wird diese die Arbeit für Sie tun. In den folgenden Kapiteln soll es darum gehen, wie Sie sie freilassen können.

2

MEHR SELBSTDISZIPLIN FUNKTIONIERT NICHT

Viele Messies sind motiviert durch den Gedanken an einen neuen Lebensstil, und sie nehmen alle möglichen Veränderungen vor. Sie kaufen neue Gardinen und Bücherregale, sie geben alte Sachen weg, aber sie fangen an zu zaudern, wenn es darum geht, alte Denkweisen zu hinterfragen.

Die wichtigste Veränderung jedoch findet in unseren Köpfen statt. Neubeginn – das ist das Stichwort, das wir lieben. Wir möchten die alten Probleme, die alten Gewohnheiten und in unserem Fall die alte Unordnung hinter uns lassen. Leider sind die meisten von uns nicht bereit, das allerwichtigste hinter sich zu lassen, nämlich ihre alten Denkweisen. So wie übergewichtige Menschen Schlankheit wollen und Alkoholiker Nüchternheit, so wollen Messies Ordnung. Genauso wie Raucher Freiheit von ihrer Angewohnheit wollen und Spieler gern frei wären von ihrem unkontrollierten Drang, so möchten Messies frei sein von Unordnung und Chaos, die ihr Leben beherrschen.

Messies sind sehr gefühlsbetonte Menschen. Gefühle sind es, die sie an dem einen Tag antreiben und am nächsten lahmlegen. Jeder Ansatz, der bei chronisch desorganisierten Menschen zum Gelingen führen soll, muß die Gefühle mit in Betracht ziehen. Dieses Buch tut das. Denn genau diese starke emotionale Beteiligung ist der Grund, weshalb Messies auf pragmatische Ansätze zur Ordnung nicht reagieren. Wenn sie versuchen, zur Überwindung ihrer Schwäche einen pragmatischen, systematischen Ansatz zu verfolgen, bei dem es allein auf Willenskraft ankommt, dann werden sie vielleicht anfänglich und kurzfristig Erfolg haben, aber sie werden mit großer Wahrscheinlichkeit wieder in die alten Muster der Unordnung und Desorganisiertheit zurückfallen. Das einzige, was sich geändert haben wird, ist ein noch stärkeres Gefühl von Hoffnungslosigkeit.

Viele Menschen sprechen über Disziplin, als spiele sie eine überragende Rolle bei der Verhaltensänderung. Aber das ist in erster Linie Gerede. Denken wir beispielsweise an das Militär. Hier sehen wir, wie Disziplin am Werk ist. Junge Leute, die vielleicht noch nie in ihrem Leben Disziplin erfahren und praktiziert haben, werden unter der Leitung eines Grundausbildungsoffiziers recht schnell diszipliniert. Dinge, die sie vielleicht noch nie getan haben und von denen sie nie geglaubt hätten, daß sie sie einmal tun müßten, tun sie beim Militär regelmäßig. Sie wollen zwar vielleicht nicht ihr Bett machen oder ihre Schuhe putzen, aber sie tun es trotzdem. Dies ist Disziplin: Etwas zu tun, was man eigentlich nicht tun will. Der Grund, weshalb sie es trotzdem tun, ist der, daß sie keinen Ärger bekommen wollen. Im Grunde können sie völlig undiszipliniert sein. Und wenn sie nach Hause kommen, ist es durchaus möglich oder sogar wahrscheinlich, daß sie dort nicht mehr ihr Bett machen oder ihre Schuhe putzen.

Auch im Leben von Künstlern ist Disziplin erkennbar. Wir sehen sie auch im Leben von Sportlern. Um es auf ihrem Gebiet zu Höchstleistungen zu bringen, arbeiten solche Leute sehr hart, stellen andere Interessen und Anforderungen zurück, damit sie eines Tages ein großes Meisterwerk erstellen, in der Carnegie Hall auftreten oder an den Olympischen Spielen teilnehmen können. Bei näherem Hinsehen wird jedoch deutlich, daß diese Diszipliniertheit sich meist nicht auf all ihre Lebensbereiche erstreckt. Sportler, die für ihren Sport ein hohes Maß an Disziplin aufbringen, führen möglicherweise nach dem Training ein völlig chaotisches, für jede Form von Ordnung resistentes Leben. Wenn wir einmal Menschen betrachten, die in ihrem Leben ein hohes Maß an Diszipliniertheit zeigen, dann zeigen sie diese in der Regel nur in einem bestimmten Bereich und in der Regel auch nur für eine begrenzte Zeit.

Aber was ist mit der Disziplin im Alltag? Es gibt doch wirklich Menschen, die ein geordnetes Leben führen. In ihren Scheckheften ist immer eingetragen, wofür sie Schecks ausgegeben haben, ihre Wohnungen sind sauber und aufgeräumt, ihre Autos sind gewaschen, und ihre Wäsche wird sofort gefaltet und in Schränke geräumt, wenn sie aus dem Trockner kommt. Das gelingt ihnen scheinbar mühelos, während andere (die undisziplinierten, wie wir annehmen) Amok laufen, um ihre Wohnungen im Bereich des zulässigen Durchschnittschaos zu halten. Warum ist das so?

Viele Messies sagen: »Ich habe einfach nicht die Willenskraft, mit der Hausarbeit am Ball zu bleiben. Was mir fehlt, ist Disziplin.« Und viele Menschen geben ihnen Ratschläge wie: »Wo ein Wille ist, da ist auch ein Weg.« Das bewirkt aber nichts als Verwirrung und Schuldgefühle bei den Menschen, die man ja eigentlich motivieren und ermutigen möchte. Solche Platitüden mögen zwar stimmen, aber sie sind keine Antwort auf das Problem von Messies. Einem Messie solche Ratschläge zu geben, wäre vergleichbar mit der Empfehlung, Super-Benzin zu tanken, wenn jemand sich darüber beklagt, daß sein Auto nicht fährt, weil das Getriebe defekt ist. Es kann ja sein, daß das Auto ruhiger fährt, wenn man Super-Benzin fährt, aber das nützt dem betreffenden Autofahrer gar nichts, weil sein Problem nichts mit der Verbrennung zu tun hat, sondern ganz woanders liegt. Ermahnungen erreichen also nicht die Wurzel des Problems von Messies. Bei Messies muß erst etwas anderes in Ordnung kommen.

Sie brauchen etwas, worauf sie ihre Aufmerksamkeit konzentrieren können. Nehmen wir einmal ein Bild zum Vergleich, den »Fokus« (deutsch Brennpunkt).

Den Fokus – also *eine* Sache in den Blick zu nehmen, ist etwas sehr Interessantes. Mit einer kleinen Einstellung können Fotografen den Fokus eines Bildes vom Vordergrund in den Hintergrund verschieben. Wenn der Vordergrund scharf ist, verschwimmt der Hintergrund völlig. Ebenso ist es bei erfolgreichen Hausfrauen, die sich *auf ihren Haushalt konzentrieren.* Sie haben gelernt, zweitrangige Dinge erst einmal außer acht zu lassen.

Das Problem von Messies besteht darin, daß ihre vielen anderen Interessen ihr Interesse an einem schönen Zuhause aus dem Blickfeld drängen. Wenn man sich verzettelt, stört das den Fokus. Viele praktischen Ideen verursachen noch mehr Durcheinander im Haushalt. Sie möchten beispielsweise gern einen Heimtrainer haben. Welches Zimmer wäre als Standort besser geeignet als das Wohnzimmer? Oder Ihre Schwiegermutter verschenkt einige Möbelstücke. Sie nehmen sie, obwohl Sie sie momentan gar nicht brauchen, weil Sie hoffen, irgendwann mal in eine größere Wohnung zu ziehen, wo Sie die Möbel dann gut gebrauchen könnten. Sie machen Obst und Gemüse ein, haben aber keinen Platz, wo Sie die Einmachgläser aufbewahren können, also stellen Sie sie in der Küche auf der Arbeitsplatte ab. All diese praktischen Ideen führen letztlich nur dazu, daß im Haus noch mehr Unordnung herrscht und es noch unbequemer und ungemütlicher wird.

Der nächste Ablenkungsaspekt, auf den Messies achten müssen, sind Aktivitäten, die dem Bestreben nach einem schönen Zuhause zuwiderlaufen. Manchmal erwecken diese Aktivitäten den Eindruck, daß sie zur Verschönerung beitragen, aber im Grunde sorgen sie nur für noch mehr Unordnung. Handarbeiten und Basteleien beispielsweise können Schönheit richtiggehend unterwandern. Eine Messie-Frau, die ihr Zuhause verschönern möchte, besucht vielleicht einen Mal- oder Stickkursus. Das tun viele ihrer Freundinnen auch. Sie tun etwas Schönes und Sinnvolles, kommen unter Leute und können neue Kontakte knüpfen. Die Resultate des Kurses mögen auch wirklich toll sein, aber nur sehr wenige Menschen werden das zu würdigen wissen, wenn im Haus völliges Durcheinander herrscht und überall Bastelmaterial herumliegt. Die für das Malen oder Sticken aufgewendete Zeit und das Geld wären vielleicht besser darauf verwendet worden, den Haushalt als Ganzen besser in den Blick zu bekommen. Die betreffende Frau hat vielleicht hart gearbeitet, um die Gestaltung ihres Hauses oder ihrer Wohnung zu verschönern, und sie fragt sich jetzt, warum es nicht besser aussieht als vorher. Sie merkt gar nicht, daß sie ihre Zeit falsch eingesetzt hat, weil sie *keinen klaren Fokus* hatte.

Oft ist dieses Fehlen des Fokus der Kern aller Einrichtungs- und Dekorationsprobleme. Messies sammeln mit einer solchen Begeisterung verschiedene Dekorationsartikel, daß kein Stil und kein Farbkonzept dominiert oder überhaupt erkennbar wird. Sie haben vielleicht alle möglichen Einrichtungsgegenstände, aber die Sachen passen einfach nicht zusammen. Sie müssen erkennen, daß Sie sich von dem einen oder anderen wunderschönen, aber unpassenden Stück trennen müssen, wenn Sie wirklich ein schönes und ordentliches Zuhause haben wollen. Man braucht weder Disziplin noch Willensstärke, um das Leben effektiv zu organisieren. Man muß nur wissen, wie man seine Aufmerksamkeit auf das richtet, was wirklich Änderung bringt.

Was auf den ersten Blick wie Willensschwäche aussieht, ist in Wirklichkeit »Wunschstärke«. Leute mit einem geordneten Zuhause behalten ihren Wunsch nach ebendiesem schönen und ordentlichen Zuhause im Blick. Sie müssen gar nichts dazu tun, damit ihre Umgebung ihrem Wunsch entsprechen wird – das geschieht wie von selbst. Sie werden auch nicht von der Leidenschaft nach einem »Schöner-Wohnen«-Ambiente beherrscht. Sie haben nur den innigen Wunsch nach einem schönen, gemütlichen Zuhause und behalten ihr Bedürfnis im Blick. Um unsere Aufmerksamkeit auf produktive Weise auszurichten und die richtigen Prioritäten zu setzen, müssen wir feststellen, welche unserer Aktivitäten uns von unserem Wunsch nach einem ordentlichen und behaglichen Zuhause ablenken. Wenn wir diese Aktivitäten dann reduzieren bzw. einstellen, können wir diszipliniert leben, ohne ständig angestrengt und unbefriedigend zu arbeiten.

Eine solche »Wunsch-Stärke« mit einem klaren Fokus, einem eindeutigen Brennpunkt, bewirkt mehr als jede Willenskraft.

Kampf dem Chaos

1. Mangelt es Ihnen an einem Fokus in bezug auf Ihren Haushalt und Ihr Zuhause? Erklären Sie das näher.

2. Eine Messie erzählte mir einmal, daß sie eines Tages, als ihr das Chaos in der Wohnung zuviel geworden war, als erstes den Dekkenventilator geputzt hätte, obwohl das Haus so durcheinander war, daß sie auf dem Boden kaum einen freien Platz für den Stuhl finden konnte, auf den sie sich stellen mußte. Sie hatte aus dem Blick verloren, was wirklich notwendig war. Schildern Sie Begebenheiten, die Ihren fehlenden Blick für Prioritäten veranschaulichen.

a.

b.

c.

3. Nennen Sie einige Dinge, die Sie von Ihrem Blick für das Wesentliche ablenken (z. B. Hobbies, Aktivitäten der Kinder, ehrenamtliche Tätigkeiten usw.). Markieren Sie diejenigen Aktivitäten, die Sie aufgeben oder maßvoller betreiben könnten.

a.

b.

c.

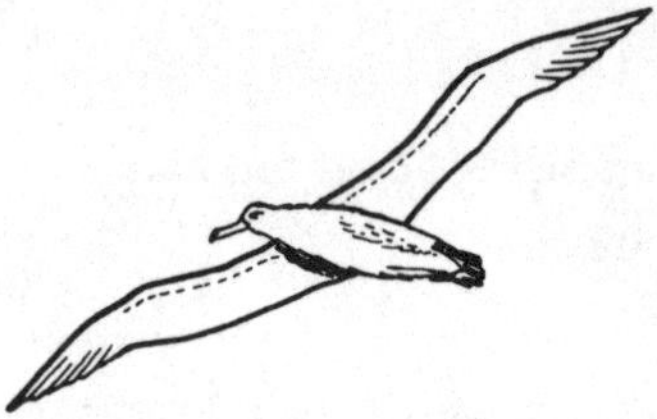

3

HÄRTER ARBEITEN NÜTZT NICHTS

Horatio Alger Jr., ein amerikanischer Pfarrer und Romanautor des 19. Jahrhunderts, hat ungefähr 120 Jugendbücher geschrieben. Die meisten seiner Romanfiguren sind arme Schuhputzer oder Zeitungsjungen, deren Tugendhaftigkeit und Fleiß unweigerlich mit Reichtum und Erfolg belohnt werden. Es gibt Menschen, die der Meinung sind, Algers Bücher hätten zu der amerikanischen Mentalität beigetragen, nach der harte Arbeit immer zum Erfolg führt. Vielleicht haben sie auch zu einem ähnlichen, aber gefährlicheren Denken beigetragen, nach dem Faulheit immer Scheitern und Versagen nach sich zieht.

Der amerikanische Multimillionär J. Paul Getty wußte, daß zum Erfolg mehr gehört als harte Arbeit. Als Antwort auf die Anfrage einer Zeitschrift nach dem Rezept für seinen Erfolg, schrieb Getty: »Manche Leute finden eben Öl und andere nicht.«

Getty wußte sehr genau, daß er nichts Besonderes geleistet hatte, um seinen Reichtum zu verdienen.

Genausowenig wie harte Arbeit immer reich macht, macht sie

immer ordentlich. Messies sind aber sozusagen darauf programmiert, zu glauben, daß *Faulheit* die Ursache für ihren mangelnden Erfolg in Sachen Haushalt ist. Sie versuchen zwar sich selbst für phantasievoll oder interessant zu halten, aber in ihrem Hinterkopf hallt stetig das Wort »faul«. Sie meinen also, sie müßten fleißiger arbeiten.

Der Fleißiger-arbeiten-Ansatz erkennt alle möglichen Gründe für Unordnung an: die Größe des Hauses, die Anzahl der Bewohner, die Anzahl der verschiedenen Aktivitäten, mangelnde oder fehlende Kooperationsbereitschaft seitens anderer. Aber am Ende ist es dann doch nur eine Person, die allein die Verantwortung trägt, und das sind Sie! Und wenn das Haus nicht in Ordnung ist, dann glauben Sie, Sie seien nicht fleißig genug gewesen.

Wer nach der Fleißiger-arbeiten-Methode vorgeht, setzt auf Willensstärke, Regeln und systematische Methoden. Die Verfechter dieser Methode glauben, daß, wenn sie erst einmal die richtige Methode entdeckt haben und diese dann treu und fleißig befolgen, das Problem einfach verschwindet. Sie glauben, daß mit ihnen etwas nicht stimmt, weil sie ihren Haushalt nicht im Griff haben, und diese Überzeugung wird noch stärker, wenn die alte Unordentlichkeit wieder zum Vorschein kommt und die Oberhand gewinnt. Sie geben sich selbst die Schuld am Versagen und nicht der angewandten Methode.

> Messies arbeiten schon hart genug. Manche Messies arbeiten härter als erfolgreiche Hausfrauen.

Einige Prämissen dieses Fleiß-Ansatzes lauten:

1. Unordnung ist etwas Schlechtes. Die Verfechter dieses Ansatzes sind davon überzeugt, daß Sauberkeit gleich nach Frömmigkeit kommt. Gute Menschen sind sauber und ordentlich. Schlechte Menschen sind schlampig.

2. Organisation ist eine endlose Plackerei. Manche Programme arbeiten mit Listen, Karteikarten oder einer Kombination von beidem. Diese können zwar ein gewisses Maß an Ordnung ins Chaos bringen, aber sie bestätigen und bestärken Messies in dem, was sie bereits gefürchtet haben, nämlich daß der Hausputz eine gigantische Plackerei ist. Mit einer extrahohen Dosis Entschlossenheit nehmen sie das System in Angriff, aber schließlich fallen sie doch in die Unordnung des alten Lebensstils zurück. Nun haben sie es nicht mehr nur mit dem Streß eines unorganisierten Lebens zu tun, sondern auch noch mit der Enttäuschung über das vermeintliche eigene Versagen. Jetzt sind sie ganz sicher, daß alles ihre Schuld ist.

3. Eine »Hauruck-Putzaktion« ist die Lösung. Manchmal ist der Frust, in einem schmuddeligen Haus zu leben, so stressig, daß Messies sich auf einen »Putz-Trip« begeben. Alles raus! Alles wegräumen! Und alles ganz schnell. Sie nehmen sich drei Tage Zeit, um das Haus besucherfein herauszuputzen, und einen Tag lang bleiben dann die Sachen, die hastig in Schränke und Schubladen gestopft wurden, auch wirklich an ihrem Ort. Aber am nächsten Tag quellen sie dann bereits wieder heraus, und das Haus kehrt in seinen normalen chaotischen oder einen noch schlimmeren Zustand zurück.

Messies empfinden dann zwei Dinge: Stolz auf den einen Augenblick, in dem sie wirklich ein ordentliches Haus hatten, und Enttäuschung darüber, daß sie offenbar tatsächlich nicht in der Lage sind, diesen Zustand länger als einen Tag lang aufrechtzuerhalten.

In dem Theaterstück »Flowers for Algernon« (»Blumen für Algernon«) wird ein geistig behinderter junger Mann von seiner Behinderung geheilt. Als die Behandlung jedoch beendet ist, stellt sich sein alter Zustand wieder ein. Man trauert mit ihm mit während dieses Rückentwicklungsprozesses und verläßt traurig das Theater. Messies durchleben ein solcher Trauerspiel immer wieder, wenn sie sich abmühen, normal zu funktionieren, nur um wieder in ihr altes Verhalten zurückzufallen.

4. Zur guten Haushaltsführung gehört Selbstverleugnung. Unbewußt sind Messies davon überzeugt, daß sie die Dinge, an denen ihnen am meisten liegt, aufgeben müssen, wenn sie ein ordentliches Haus und einen funktionierenden Haushalt haben wollen. Sie sind der Meinung, daß sie nicht gleichzeitig ein ordentliches Haus haben und die Dinge tun können, die Spaß machen. Die meisten Messies sind daher nicht bereit, ihren Lebensstil zugunsten von mehr Ordnung zu opfern.

Aber in gewisser Hinsicht gehört auch die Selbstverleugnung doch zu ihrem Lebensstil. Messies verleugnen sich tagtäglich selbst. Sie gestehen sich nicht die Freude zu, Gäste zu haben, weil es ihnen peinlich ist, jemanden in ihre unordentliche Wohnung einzuladen. Sie gestehen sich nicht zu, das zu essen, was ihnen schmeckt, weil sie nie die dafür nötigen Zutaten im Haus haben. Und manche gönnen sich nicht einmal Aktivitäten außer Haus, weil es ihnen Schuldgefühle bereitet, das Haus in einem solch fürchterlichen Zustand zu verlassen.

5. Fleißigeres und härteres Arbeiten führen zu der Veränderung, die Sie sich wünschen. Die Problematik an diesem Lösungsansatz besteht darin, daß härteres Arbeiten nicht die Ursachen des Unordentlichseins aufdeckt. Messies arbeiten schon hart genug. Manche arbeiten mehr und härter als erfolgreiche Hausfrauen. Solange die tieferen Gründe für das Unordentlichsein nicht aufgedeckt werden, wird sich der Zustand des Haushaltes niemals ändern.

Kampf dem Chaos

Messies sind Perfektionisten, die häufig um alles viel Wirbel machen und die jede Frage genau richtig beantworten wollen. Bei den folgenden Fragen brauchen Sie jedoch nicht so genau zu sein. Nennen Sie möglichst das, was Ihnen spontan einfällt.

1. Wenn Sie bisher versucht haben, Ihren Haushalt in Ordnung zu bringen, was ist dann geschehen?

2. Welche Lösungsansätze haben Sie bist jetzt ausprobiert, und wie gut haben sie funktioniert?

3. Schauen Sie sich die verschiedenen Merkmale des Fleiß-Ansatzes noch einmal an. In welchem erkennen Sie sich wieder? Schildern Sie Ihre Erfahrungen.

a.

b.

c.

4

SCHLUSS MIT DEM UNORDNUNGSSTRESS

Desorganisation und Streß gehen Hand in Hand. Deshalb haben Messies auch mehr Streß als die meisten anderen Menschen. Ein Leben im Durcheinander ist ein stressiges Leben.

Ich spreche hier nicht nur von angespannten Nerven, sondern von echten Ermüdungserscheinungen des Körpers bei den Versuchen, sich den gegebenen Veränderungen anzupassen. Solche Veränderungen können *positiv* sein, wie beispielsweise bei einer Heirat, oder *negativ*, wie zum Beispiel bei Scheidung. Beide Anlässe erzeugen Streß. Die Stressoren können seelische oder körperliche sein, aber beide Arten haben Auswirkungen auf den Körper. Und wenn es solchen Streß regelmäßig gibt oder mehrere streßerzeugende Ereignisse kurz aufeinander folgen, dann kann das auch Einfluß darauf haben, wie wir leben und wie es bei uns zu Hause aussieht.

Das »American College of Physicians« hat die folgende Checkliste von Streß-Symptomen zusammengestellt. Wer unter ihnen leidet, sollte einen Arzt aufsuchen:

- Herzrasen, Schmerzen oder Engegefühl im Brustkorb;
- Angst, das Haus zu verlassen;
- Schlaflosigkeit oder exzessives Schlafbedürfnis;
- Antriebsschwäche, Interesselosigkeit;
- Müdigkeit, Kopfschmerzen oder andere körperliche Symptome;
- Traurigkeit und Todesgedanken;
- Verschlimmerung bereits bestehender Krankheiten ohne ersichtliche Gründe.

Dies sind natürlich medizinische Symptome, die auch durch etwas anderes als Streß hervorgerufen sein können.

Andere sub-klinische Symptome, von Ärzten und Psychologen beschrieben und analysiert, können ebenfalls Anzeichen von Streß sein:

- Zunehmende Vergeßlichkeit (sich aus der Wohnung ausschließen, Termine vergessen oder verwechseln, zunehmende Unordentlichkeit). Streß verstärkt bereits vorhandene Schwächen noch. Deshalb wird ein Messie unter Streß noch unordentlicher und jemand, der überordentlich ist, noch ordentlicher.
- Anthropomorphisieren von vertrauten Gegenständen. Besitztümer bekommen ein Eigenleben. Sie haben das Gefühl, sie beschützen zu müssen und sie nicht mehr unter Kontrolle zu haben. Sie gehen (werden verloren) und kommen (werden gefunden) von selbst.
- Ständige Erkältungen. Streß schwächt unser Immunsystem.
- Hautprobleme.
- Leichte Erregbarkeit bei unangenehmen Ereignissen.

Wir erkennen Streß vielleicht an dem Punkt, an dem wir keine Menschen mehr sehen und um uns haben wollen, die etwas von uns fordern oder erwarten, oder wenn wir es satt haben, zuviel zu arbeiten, und es leid sind, nicht genug Wertschätzung und Würdigung zu erfahren. Kurzum: Wir sind schlicht und einfach müde.

Es sind nun zwei Typen von Frauen, die am meisten Streß erfahren. Die einen sind die »Kontroll-Frauen«. Sie stehen unter Streß, weil weder Menschen noch Dinge hundertprozentig mit ihren Plänen kooperieren. »Kontrollier-Frauen« kontrollieren aus unterschiedlichen Gründen. Zum einen, weil sie Angst vor Kontrollverlust haben, und zum anderen, weil sie das Gefühl der Macht lieben, das sie durch Kontrolle haben.

Messies haben eine durch Kontrolle bestimmte Beziehung zu ihrer Unordentlichkeit. Niemand darf ihre Sachen anfassen oder irgend etwas im Haus verändern, das sie betrifft. Wehe der im Veränderungsprozeß steckenden Messie-Frau, die es mit einem kontrollierenden Messie-Mann und einem unordentlichen Haus aufnehmen muß.

Der andere Typ von Frau, der leicht unter Streß gerät, ist die Frau, die gefallen und es allen recht machen möchte. Solche Frauen möchten, daß das Leben aller Menschen in Ordnung und harmonisch ist. Das ist der Grund dafür, weshalb sie so viele Sachen aufbewahren. Sie wollen nicht nur für sich selbst, sondern auch für andere diese Sachen vorrätig haben, falls diese einmal in Not kommen und diese Dinge brauchen.

Solche Menschen setzen ihre Fertigkeiten und Fähigkeiten ein, um auch im Berufsleben anderen zu gefallen, und deshalb haben sie dort auch oft Erfolg. Unter der Oberfläche verbirgt sich jedoch ein sehr geringes Selbstwertgefühl. Deshalb bemühen sie sich ja so, allen zu gefallen und es jedem recht zu machen. Um sicherzugehen, daß jeder sie mag, sagen sie bei jeder Aufgabe und Bitte, die an sie herangetragen wird, »ja«. Sie tragen bei den familiären Aufgaben immer die größte Last. Sie suchen vielleicht sogar nach noch mehr Aktivitäten, um Bestätigung zu erfahren. Kurz: Um ihr Image der perfekten Frau aufrechtzuerhalten und Kritik zu vermeiden (für die sie sehr sensibel sind), geben diese Menschen, die es allen recht machen wollen, die Kontrolle über ihr eigenes Leben um der anderen willen aus der Hand. Weil Frauen dieses Typs oft Männer heiraten, die zum Typ der »Kontrollierer« gehören, ist ihr Leben oft völlig überfüllt mit Aktivitäten, Aufgaben und der Verantwortung, die ihnen von ihren Männern übertragen werden. Obwohl sie sich darüber beklagen, daß sie ausgenutzt werden, fühlen sie sich diesem selbstzerstörerischen Lebensstil verpflichtet.

Untersuchungen zufolge ist einer der größten Streßfaktoren überhaupt das Gefühl der Hilflosigkeit, das eigene Leben unter Kontrolle zu bekommen. Nehmen wir ein Beispiel zu Hilfe. Wenn in Ihrer Nachbarschaft ein Hund laut bellt, dann werden Sie vielleicht nervös. Wenn Sie dabei auch noch versuchen, einzuschlafen, klingt jedes Bellen wie ein Hammerschlag. Sie fragen sich, wieso der Hundebesitzer seinen Hund nicht beruhigt. Wenn Sie hingegen der Hundebesitzer sind, dann stört Sie das Gebell nicht annähernd so sehr. Warum das so ist? Weil Sie dann die Kontrolle haben. Sie wissen, daß Sie den Hund rufen und ihm befehlen können, still zu sein. Weil Sie wissen, daß Sie die Macht haben, die Störung abzustellen, stört Sie das Gebell nicht so sehr.

Die Folge von Streß

Außer den bereits aufgezählten Folgen – Schmerzen im Brustkorb, Vergeßlichkeit und Müdigkeit – hat Streß auch Folgen, die lange Zeit unbemerkt bleiben können.

Was Sie, der/die Sie unter Streß leiden, nicht sehen, sind die verstärkte Muskelanspannung, gerunzelte Augenbrauen, zusammengebissene Zähne und einen zu schnellen Herzschlag. Ihr Körper vermindert die Flüssigkeitsproduktion; dies führt zu einem trokkenen Mund. Die Blutzirkulation ist eingeschränkt. Adrenalin wird ausgeschüttet, und andere Drüsen reagieren darauf. Rein äußerlich gehen wir unseren Alltagsgeschäften nach, aber innerlich kämpft unser Körper um sein Gleichgewicht. Wir gewöhnen uns so sehr an diesen Zustand, daß wir glauben, unser Körper sei schon in Ordnung, aber weit gefehlt!

> Das Gefühl, nicht die Kontrolle über das eigene Leben zu haben, ist eine der größten Streßquellen.

Hilfe für gestreßte Messies

Die Hilfe naht in zwei Blöcken. Der eine Block heißt Behandlung, der andere Vorbeugen.

Behandlung

1. Sportliche Betätigung ist die beste Erleichterung bei Streß. Spazierengehen, Radfahren und Entspannungsübungen regen den Kreislauf an und bringen den Körper in Bewegung, so daß sich die Streß-Knoten lösen. Wenn das Herz zu pumpen beginnt und die Lungen sich mit frischer Luft füllen, werden auch die Gedanken wieder klarer. Das Leben sieht wieder freundlicher aus, und man kann außerdem besser einschlafen.

Spannung macht sich meist zuerst in Kopf und Nacken bemerkbar, also konzentrieren sich die ersten Übungen auf diesen Bereich. Die meisten der Übungen sind Dehnübungen, weil Muskeln sich verkürzen, wenn sie durch Streß verspannt sind. (Sie können die Übungen im Sitzen durchführen. Die meisten von ihnen kann man auch in aller Öffentlichkeit tun, ohne daß man Angst haben muß, aufzufallen.)

a) **Nacken rollen.** Beugen Sie den Kopf nach vorn, als wollten Sie den obersten Blusenknopf schließen. Rollen Sie den Kopf zur rechten Schulter, dann wieder nach vorn, zur anderen Schulter und wieder nach vorn. Wiederholen Sie das einige Male.

b) **Schulterzucken.** Ziehen Sie die Schultern hoch, so weit Sie können, als ob Sie sagen wollten, »... keine Ahnung!« Ziehen Sie die Schultern abwechselnd nach oben, und lassen Sie sie wieder nach unten fallen. Wiederholen Sie das zwei- bis dreimal.

c) **Umarmen.** Sie stehen aufrecht und halten die Arme seitlich parallel zum Boden. Führen Sie die gestreckten Arme nach hinten, bis sich die Handflächen hinter Ihrem Rücken berühren. Jetzt die Arme wieder nach vorn vor den Körper führen und dort kreuzen. Und jetzt tun Sie so, als ob Sie sich selbst herzlich drücken. (Auch wenn das Strecken zu Beginn keine Wunder wirken sollte, das Umarmen tut es ganz sicher.)

d) Strecken. Strecken Sie Ihre Hände ganz weit nach oben, so als wollten Sie nach etwas greifen. Lassen Sie sie ein paar Sekunden lang oben, dann nehmen Sie sie wieder herunter. Wiederholen Sie die Übung abwechselnd mit beiden Händen. Wiederholen Sie die Übung so lange, bis Sie Entspannung in Nacken und Schultern spüren.

e) Massage. Nehmen Sie sich Zeit, sich sanft den Nacken und die Schultern zu massieren. Reiben Sie in kleinen kreisenden Bewegungen die verspannten Muskeln, bis sie spürbar lockerer werden.

2. Entspannen Sie sich in einem warmen Schaumbad. Bei Kerzenlicht in der Badewanne zu schwelgen, kann Wunder wirken.

3. Eine Massage und dann in die heiße Wanne. Mit dieser Kombination können Sie sich etwas außerordentlich Gutes tun, aber diese Möglichkeit ist wohl nicht die Regel.

Vorbeugen

Kürzlich sah ich an der Heckscheibe eines Autos einen Aufkleber mit der Aufschrift »Ich will alles«. Vielleicht hätte ich noch einen Blick auf die Fahrerin werfen sollen, um festzustellen, ob sie ein erschöpftes Wrack war. Wenn nicht, dann befand sie sich bestimmt noch im Anfangsstadium des Alles-Wollens. In diesem Stadium sind die Menschen noch voller Tatendrang und gespannt auf alles, was kommt. Das Leben ist voll von tollen Dingen, die man tun und haben kann. Weil Messies in der Regel Menschen sind, die die guten und kreativen Seiten des Lebens zu schätzen wissen, wollen sie nichts verpassen. Sie berauschen sich richtiggehend daran, alles tun zu wollen und zu bekommen.

Im mittleren Stadium des Alles-Wollens macht sich dann der erste Streß bemerkbar. Aber die begeisterte »Alles-Wollerin« glaubt immer noch, daß sie bei einer etwas strafferen Organisation alles in ihren knapp bemessenen Zeitplan hineinbekommt. Dabei verschwindet in der Regel als erstes die Zeit, die sie für sich selbst eingeplant hat. Im Endstadium des Alles-Wollens geraten die Dinge dann außer Kontrolle. Ein Termin muß um des nächsten willen ausfallen. Nichts scheint mehr unwichtig. Eine Frau in diesem letzten Stadium sieht vielleicht deshalb nicht erschöpft aus, weil sie versucht, ihr Gesicht zu wahren. Nach außen sieht sie noch ganz gut aus, aber innerlich ist sie völlig kaputt. Statt zu versuchen, alles zu tun und zu bekommen, sollte sie lernen, Prioritäten zu setzen, das Geheimnis jeder Streßvorbeugung und -vermeidung.

Für Messies ist das schwer zu akzeptieren. Sie möchten gern die beim Prioritätensetzen nötigen Entscheidungen umgehen. Außerdem sagen sie nicht gern »nein«, wenn es um eine gute Sache geht. Sie erkennen die Not der Welt und möchten gern helfen. Außerdem bringen manche ihrer Aktivitäten auch ein bißchen Geld ein. Das möchten sie nur ungern aufgeben. Viele Gründe spielen bei dieser Lebenseinstellung mit. Um aber einen Wechsel von dieser Streßhaltung hin zur Ausgeglichenheit vollziehen zu können, müssen wir alte Denkweisen durch neue ersetzen. Das Ergebnis ist seinen Preis wert.

Und so kann es gehen:

1. Achten Sie auf ein gleichmäßiges Lebenstempo:
Finden Sie den für Sie besten Rhythmus heraus, und behalten Sie ihn bei. Ich bin zum Beispiel ein Morgenmensch. Ich gehe etwa um neun Uhr abends zu Bett und wache jeden Morgen etwa um Viertel nach fünf auf. Von diesem Rhythmus weiche ich kaum einmal ab. Manchmal muß ich länger aufbleiben, und in seltenen Fällen bleibe ich schon mal bis elf auf, aber dafür muß ich dann am nächsten Tag »bezahlen«, und deshalb nehme ich so bald wie möglich meinen gewohnten Rhythmus wieder auf.

In seinem Buch »Body Rhythm: The Circadian Rhythms Within You« (»Körperrhythmus: Die Rhythmen in Ihnen«) berichtet der Autor Lee Wells von Untersuchungen, denen zufolge es Streß verursacht, wenn man zu stark von seinem normalen Biorhythmus abweicht. Dieser Streß kann dann wiederum zu körperlichen Beschwerden führen. Menschen, die unter Streß leben, können nicht so stark von ihrem normalen Rhythmus abweichen wie Menschen, die unter weniger Druck und Anspannung leben.

Jeder Mensch hat einen anderen Rhythmus, aber wenn Sie den Ihren finden und sich daran halten, dann haben Sie mehr Kraft zur Verfügung, als wenn Sie ständig Energie damit verschwenden, gegen Ihren eigenen Körper anzukämpfen.

2. Planen Sie Zeit ein für Dinge, die Sie emotional stärken.
Das kann beispielsweise eine Gruppe in einer Kirchengemeinde sein. Dr. Gene Stainbrook, zitiert in dem Artikel »Unstress Your Life: How to Reduce Tension and Feel Great« (»Das Leben von Streß befreien: Spannungen abbauen und sich gut fühlen«) in der Zeitschrift »Prevention«, behauptet, daß die Mitarbeit in einer Kirchengemeinde Menschen in vielerlei Hinsicht Unterstützung gibt, die wiederum Streß abbaut.

Eine weitere Hilfe kann eine Selbsthilfegruppe sein. Die Zeitschrift »Health« (Gesundheit, März 1984) macht zum Streßabbau durch Selbsthilfegruppen folgende Beobachtung:

> In einer großen Stadt im Mittleren Westen treffen sich drei Männer und zwei Frauen jeden Dienstag zum Abendessen. So köstlich das Essen auch sein mag, wenn sie in der Mitte des Hauptgangs sind, vergessen sie offensichtlich alles um sich herum außer ihrem leisen, intensiven Gespräch. Nein, es handelt sich nicht um Klatschkolumnisten, die die neueste schmutzige Wäsche waschen, sondern es sind ganz gewöhnliche Leute, die über ihre inneren Spannungen sprechen, und zwar in einer der vielen lockeren Selbsthilfegruppen, die sich im ganzen Land bilden. Niemand in der Gruppe ist von Beruf Therapeut, aber die gegenseitige Hilfestellung und Unterstützung, die sie einander geben, ist so wertvoll, daß die Gruppe sich seit einem Jahr regelmäßig trifft.

Eines der Dinge, die mich besonders motivieren und mir Kraft geben, ist das *Radiohören* auf meinem Weg zur Arbeit. In unserer Gegend gibt es vier Sender, die ein, so möchte ich es nennen, erbauliches Programm ausstrahlen. Zwei davon sind christliche Sender. Oft komme ich gegen 7.30 Uhr bei meiner Arbeitsstelle an und habe auf dem ganzen Weg dorthin bekannte Choräle gesungen. Ich gehöre zu den wenigen Menschen, die pfeifend und singend am Arbeitsplatz ankommen, und ich empfinde es als wunderbar, den Tag so beginnen zu können. Manchmal höre ich mir auch klassische Musik an, und dann wieder suche ich mir einen Sender, in dem bekannte Evangelisten reden.

Was wahrhaftig ist, was ehrbar, was gerecht, was rein, was liebenswert ist, was einen guten Ruf hat, ... darauf seid bedacht. (Phil. 4,8)

Für Sie ist vielleicht etwas ganz anderes wohltuend und inspirierend als für mich. Finden Sie heraus, was Ihrer Seele guttut und was Sie ermutigt. (Wenn Sie beispielsweise begeistert sind von großer Literatur, dann beginnen Sie vielleicht noch einmal ein Literaturstudium.)

3. Ersetzen Sie negative Gedanken durch positive.
Halten Sie sich nicht bei den schlechten Nachrichten in der Zeitung auf. Machen Sie sich nicht übertrieben viele Gedanken über die negativen Meldungen im Fernsehen. Halten Sie sich fern von Leuten, die von negativen Nachrichten und Gedanken fasziniert sind. Wir sind die ersten Menschen überhaupt, die innerhalb von Minuten wissen, wenn sich auf der anderen Hälfte der Erde eine Katastrophe ereignet hat. Zur Zeit der Besiedelung Amerikas dauerte es Wochen, bis im ganzen Land bekannt war, wer zum Präsidenten gewählt worden war. Heute wissen wir das meist schon, bevor die Wahl überhaupt zu Ende ist. Der menschliche Geist kann jedoch nur eine bestimmte Menge an Nachrichten über Mord, Flugzeugentführung, Flutkatastrophen und Terrorismus verkraften, ohne daß es ihn bedrückt und deprimiert.

Statt sich negative Nachrichten einzuverleiben, lesen Sie lieber aufbauende Literatur. Wenn ich morgens aufwache, dann nehme ich mir etwa eine halbe Stunde Zeit für mich, in der ich etwas lese, was mir Kraft für den Tag gibt. In der Bibel gibt Paulus einige Anweisungen, die uns in unserer modernen, von Streß geprägten Welt sehr von Nutzen sind.

»Weiter, liebe Brüder: Was wahrhaftig ist, was ehrbar, was gerecht, was rein, was liebenswert, was einen guten Ruf hat, sei es eine Tugend, sei es ein Lob – darauf seid bedacht« (Phil. 4,8).

4. Vermeiden Sie Konflikte.

Wir können Konflikten nicht immer aus dem Weg gehen, aber manche Leute geraten aus lauter Gedankenlosigkeit ständig in Konflikte. Wenn ein Konflikt dazu führt, daß Sie aufgeregt sind oder wütend, dann fangen die adrenalinproduzierenden Drüsen an, Überstunden zu machen, um den Körper auf Kampf oder Flucht vorzubereiten. Weil es aber eher unwahrscheinlich ist, daß Sie in einen Kampf geraten oder fliehen, wird Ihr Körper ganz umsonst aufgeputscht und gestreßt. Auch Unentschlossenheit ist eine Art von Konflikt, mit dem Messies viel zu tun haben. Weil wir oft perfektionistisch sind und unbedingt die richtigen Entscheidungen treffen wollen, verwenden wir viel Energie darauf, um die richtigen Entscheidungen zu ringen. Ringen ist anstrengend. Und wir ringen um jede Kleinigkeit. Als ich damit anfing, mich von überflüssigen Habseligkeiten zu befreien, konnte ich das immer nur etwa eine Stunde am Tag durchhalten, weil mich dieses Entscheiden ungeheuer ermüdete. Ich wollte die Sachen gern behalten, aber ich wußte auch, daß ich nicht so weiterleben wollte. Ich stand unter großem Druck, und das machte sich körperlich bemerkbar.

In ihrem Buch »Women and Fatigue« (»Frauen und Müdigkeit«) sagt Holly Atkinson: »Konflikte . . . sind eine Hauptursache von Müdigkeit bei Frauen. Solche bewußten oder unbewußten Kämpfe zwischen zwei widerstreitenden Wünschen oder Vorgehensweisen bewirken, daß das Gehirn Überstunden macht, und das verbraucht Energie.«

5. Nehmen Sie die Kontrolle über Ihre Zeit und Ihren Haushalt in die Hand.

Es gibt zwei Möglichkeiten, das zu tun:

a. Nehmen Sie die Haltung einer »Respektsperson« ein. Wenn

Ihre Grundhaltung eher passiv und nachgiebig ist, dann werden andere Ihr Leben kontrollieren, und Sie sind frustriert, gestreßt und müde. Wenn Sie aber die innere Gewißheit haben, daß Ihre Gedanken, Wünsche und Pläne wertvoll und konstruktiv sind, zeigt sich das auch in Ihrer Haltung, in der Art, wie Sie reden und sich geben. Dann werden Sie und Ihre Pläne von anderen respektiert. Sie werden zwar nicht immer recht haben, aber Sie haben die Kontrolle. Das vermindert den durch Hilflosigkeit ausgelösten Streß. Während Sie den Wandel von einem unsicheren zu einem sicheren Menschen vollziehen, wird Ihre Umgebung vier Stadien der Anpassung an diese Veränderung durchmachen. (Das geschieht bei Veränderungen fast immer, also nehmen Sie es nicht persönlich.)

Erstens: Sie werden die Veränderung ignorieren in der Hoffnung, daß es sich nur um eine vorübergehende Phase handelt und von selbst wieder verschwindet.

Zweitens: Sie werden Sie mißverstehen. Sie werden sagen: »Mutter ist in letzter Zeit gar nicht mehr sie selbst. Vielleicht hat sie ihre Tage« oder »Sie ist wohl wieder auf ihrem Selbstverbesserungstrip«. Sie werden vieles sagen, nur nicht: »Mutter möchte, daß etwas anders wird, und damit hat sie völlig recht.«

Drittens: Wenn die anderen merken, daß Sie sich nicht unterkriegen lassen, dann werden sie sich Ihren Wünschen mit ein bißchen mehr Nachdruck widersetzen. Ihre Familie wird Sie vielleicht angreifen, weil Sie die Dinge nicht mehr einfach so laufen lassen wie früher. Es können Sätze fallen wie: »Du machst aber einen ganz schönen Wirbel um dich.« »Reg dich nicht auf. Ich räume die Sachen nachher weg.« »Sei doch nicht so pingelig!« »Ich wünschte, du wärest wieder so wie früher.« Wenn das geschieht, sagen Sie einfach im stillen zu sich: »Phase drei!«

Viertens: Wenn Ihre Angehörigen merken, daß all diese Versuche Sie nicht abschrecken, dann treten Sie in die vierte Phase ein, die Phase der Kooperation. Und das ist für die anderen und für Sie selbst am besten.

b. Die zweite Möglichkeit, Kontrolle zu bekommen, besteht darin, versiert zu werden in dem, was Sie tun. Wenn es Haushaltsführung ist, dann wissen Sie, was zu tun ist und wie man es macht.

Sie haben Ihren Haushalt im Griff, weil Sie mächtiger sind als er. Ihr Haushalt, der Sie bis jetzt frustriert und gedemütigt hat, ist jetzt kein Streßfaktor mehr, weil Sie eine stärkere Kraft gefunden haben – die Kraft des Könnens. Allein das Wissen, *daß Sie die Kontrolle haben*, hilft bereits, die Anspannung abzubauen. Die eigentliche Spannung wird gelöst, wenn das Haus gemütlich und ordentlich ist.

Zehn Ratschläge, um Streß entgegenzuwirken:

1. Akzeptieren Sie Ihre Schwächen, und machen Sie trotz dieser Schwächen weiter.

2. Vermeiden Sie, für etwas zu kämpfen, das es nicht wert ist.

3. Vergeuden Sie Ihre Energie nicht für Nebensächlichkeiten.

4. Sagen Sie öfter »nein«.

5. Trennen Sie sich von überflüssigen Dingen.

6. Sammeln Sie nicht soviel.

7. Bewahren Sie nicht viel auf.

8. Werten Sie Einfachheit in Ihrem Lebensstil auf.

9. Rackern Sie sich nicht mit Kleinigkeiten ab.
   (Alle Dinge sind Kleinigkeiten.)

10. Seien Sie dankbar.

Kampf dem Chaos

1. Zählen Sie Ihre drei wichtigsten Streßfaktoren auf.

a.

b.

c.

2. Welcher der 10 Vorschläge könnte Ihnen dabei helfen, den Streß zu überwinden?

a.

b.

c.

5

VON FREUNDEN LERNEN

Die fähige Durchschnittshausfrau

Die »Durchschnittshausfrau« hat keine Probleme mit der Haushaltsführung. Sie lebt froh und munter in einem gemütlichen Haus. Sie ist stolz auf ihr Zuhause, und es macht ihr Freude, aber sie scheint für dieses Vergnügen nicht viel Hausarbeit verrichten zu müssen. Wer sich zu den erschöpften Messies zählt, fragt sich, wie solche Frauen das bloß machen? Sie verbringen ihre Zeit mit angenehmen Dingen, wie beispielsweise mit Freundinnen Kaffee zu trinken oder auszugehen. Sie wissen, daß sie keineswegs perfekt sind, aber diese Tatsache macht ihnen keine Schwierigkeiten. Sie sind der Durchschnitt, aber sie sind fähig.

Das ist es, was wir uns zum Ziel setzen sollten – eine fähige Durchschnittshausfrau zu werden und nicht etwa unser Unordentlichsein gegen einen Putztick einzutauschen.

Unordentlich	Durchschnitt	Putzsüchtig
1	5	10

Machen Sie einen Pfeil an den Punkt, an dem Sie gerade sind. Malen Sie dann ein Strichmännchen an die Stelle, an die Sie kommen möchten. Zeichnen Sie dieses Strichmännchen mit einem Lächeln. Denken Sie daran, wie schön es sein wird, wenn Sie ein solches Leben führen könnten. Um herauszufinden, wie erfolgreiche Durchschnittshausfrauen ihren Haushalt in Ordnung halten und die Wohnungen behaglich und sauber, habe ich einige mir gut bekannte Frauen interviewt. Um festzustellen, ob sie »Durchschnittshausfrauen« waren, wandte ich zwei Kriterien an:

1. Waren ihre Häuser über einen Zeitraum von mehreren Jahren immer in Ordnung, wenn ich sie angekündigt oder auch unangekündigt besuchte?

2. Zeigen sie ein ausgesprochenes Desinteresse an Haushaltsfragen? Als ich für mein voriges Buch »The Messies Manual« (Handbuch für Messies) überordentliche, reinlichkeitsbesessene Frauen interviewte, dachte ich, daß sie eine eher distanzierte Einstellung zur Hausarbeit hätten. Aber wenn sie erst einmal ins Erzählen kamen, waren sie kaum noch zu bremsen und erzählten alles über Zeitplanung, Einstellungen, Tricks und Kniffe usw., die Legion waren. Im Gegensatz dazu konnten sich die fähigen Durchschnittshausfrauen mit dem Thema Haushalt nie so intensiv anfreunden. Sie spielten die Bedeutung der ganzen Angelegenheit ziemlich herunter. Hausarbeit war jedenfalls nicht ihre oberste Priorität. Sie stimmten zwar darin überein, daß sie gern ein schönes Zuhause hätten, aber sie waren sehr tolerant, wenn es darum ging, wie sie das praktisch anstellten. Wenn ich aber drängte, sagten sie etwa: »Ich mach es einfach, um es hinter mich zu bringen. Ist doch alles Routine.« Eine sagte, daß ihr Putzen Spaß mache, eine andere, daß sie ihr Haus liebe und es ihr Spaß mache, sich darum zu kümmern. Sie investierten nicht viel Zeit in die Hausarbeit. (Vielleicht fünf Stunden in der Woche, um Schränke und Regale in Ordnung und sauberzuhalten. Aber es gibt auch andere Angaben.) Ich habe Frauen aus unterschiedlichem Umfeld interviewt und dabei eine deutliche Tendenz feststellen können:

1. Fähige Hausfrauen möchten, daß es bei ihnen zu Hause schön aussieht.
Sie wollen keinen geordneten und schönen Haushalt führen, damit er besser funktioniert und sie immer alles finden, was sie gerade suchen, oder damit sie Dinge aufbewahren und unterbringen können. Sie betonen aber immer wieder ihren Wunsch, daß es bei ihnen zu Hause gut aussieht.

Messies wünschen sich normalerweise, daß der Haushalt gut funktioniert. Bei einem Seminar stellte ich den Teilnehmerinnen die Frage, weshalb sie ihren Haushalt auf Vordermann bringen wollten. Alle Frauen, die antworteten, gaben eine praktische Begründung an: »Damit ich Sachen finden kann.« »Damit es nicht mehr so peinlich ist.« »Damit die Kinder morgens mit weniger Hektik auf den Weg zur Schule gebracht werden.« »Damit ich nicht mehr so hart zu arbeiten brauche.« Eine Frau hob schüchtern den Finger: »Ist es auch in Ordnung, wenn ich antworte, daß ich mir wünsche, daß es bei mir zu Hause so aussieht wie bei ›Schöner Wohnen‹?«

Ihre Antwort traf genau den Kern der Gründe, weshalb fähige Durchschnittshausfrauen ihr Haus in Ordnung halten können. Bei Leuten, die wollen, daß es bei ihnen zu Hause schön aussieht, folgt meistens automatisch, daß ihr Haushalt gut funktioniert. Leute hingegen, deren erste Priorität es ist, daß ihr Haushalt gut funktioniert, bringen es meistens so weit, daß ihr Haushalt weder gut aussieht noch funktioniert. Der Grund dafür besteht darin, daß Schönheit mehr Macht hat als praktisches Funktionieren. Die packende Vision eines wunderschönen Zuhauses bringt einen Messie auf dem Weg der Besserung viel weiter als der Drang nach einem funktionierenden Haushalt.

2. Erfolgreiche Hausfrauen sind nett zu sich selbst.
Sie glauben, daß sie ein schönes Zuhause verdient haben und daß es in Ordnung ist, wenn sie das haben, was sie brauchen und was sie sich wünschen. (Es kann zwar sein, daß sie vielleicht auf das eine oder andere verzichten müssen, weil das Geld dazu nicht zur Verfügung steht, aber sie verweigern sich nichts einfach aus Prinzip.)

3. Erfolgreiche Hausfrauen vertrauen ihren Gefühlen.
Sie haben ein gutes Gefühl dafür, was sie wegtun und was sie behalten sollten. Sie sind viel lockerer als Messies, wenn es um Haushaltsangelegenheiten geht. Sie lieben Dinge nicht in dem Maße, wie Messies es tun. Sie haben keine Angst, Fehler zu machen, etwas besonders Wichtiges nicht vorrätig zu haben oder etwas wegzugeben, das sie später vielleicht einmal brauchen könnten. Wirklich erstaunt war ich, als wir über das Thema »Umgang mit Sammlungen unterschiedlicher Art« sprachen. Eine der fähigen Durchschnittshausfrauen sammelte Figuren und Bilder von Clowns. Als ich mich bei ihr zu Hause umsah, stellte ich fest, daß das Regal mit den Clownfiguren voll besetzt war. »Was machen Sie denn mit den Figuren, die Sie vielleicht noch bekommen werden?« fragte ich sie. »Ich habe aufgehört zu sammeln«, lautete die Antwort. Ich war erstaunt, denn ich wußte gar nicht, daß man aufhören kann, etwas zu sammeln, wenn man keinen Platz mehr dafür hat. Ich dachte immer, eine Sammlung sei so etwas wie eine Freundschaft. Man führt sie auch dann noch weiter, wenn sie unbequem wird.

Fähige Durchschnittshausfrauen haben auch eine lockere Beziehung zu Büchern und Zeitschriften. Diejenigen, die Zeitschriften lieben und welche abonniert haben, lesen sie gern und tauschen sie mit Freunden aus. Sie behalten die Nummern so lange, wie sie wollen, und werfen sie dann weg oder nehmen sie mit in die Straßenbahn, zu Freunden usw.

Auf die Frage, ob sie Quittungen aufbewahren, bejahten einige das zwar, aber die meisten verneinten. Das erstaunte mich, weil auf den Quittungen ja in der Regel ausdrücklich vermerkt ist, daß man sie aufbewahren soll.

Das Buch der Sprüche enthält zu dem Thema des Sammelns und Aufbewahrens eine interessante Aussage: »Einer teilt reichlich aus und bekommt immer mehr; ein anderer kargt, wo er nicht soll, und wird doch ärmer. Wer reichlich gibt, wird gelabt, und wer reichlich tränkt, der wird auch getränkt werden« (11, 24–25).

Trifft das nicht auf die von uns beschriebene Situation? Wer bereitwillig Dinge weggibt, bekommt ein schönes und ordentliches Zuhause. Wer alles festhält, verliert genau das, was er gehortet hat, nämlich den Frieden und das Sicherheitsgefühl der Eigentümerschaft.

Worauf ich hinauswill, ist, daß fähige Durchschnittshausfrauen nicht insofern von ihren Gefühlen getrieben werden, daß *Liebe* oder *Furcht* sie dazu bringen, etwas zu behalten. Sie sind emotional unbeteiligt, und zwar beim Aufbewahren wie beim Kaufen. Diese Distanz gibt ihnen die Freiheit, die nötig ist, um gute Entscheidungen zu fällen.

Zwei der erfolgreichen Durchschnittshausfrauen betonten, wie wichtig es sei, maßvoll zu sein. Eine sagte: »Ich mache alles maßvoll. Ich möchte nicht fanatisch werden. Das macht Menschen so angespannt.« Die andere sagte: »Maßvolles Verhalten ist der Schlüssel zu allem.«

4. Fähige Hausfrauen haben ein Gefühl für den Zustand ihres Haushaltes.

Sie wissen, wann es unordentlich, überfüllt, leer, schön usw. ist. Das ist so ähnlich wie mit Hunger und Sattsein. Menschen, die zuviel essen, wissen oft nicht, wann sie hungrig oder satt sind, und deshalb essen sie unangemessen viel. Ein gesunder Mensch ißt, wenn er Hunger hat, und hört auf, wenn er satt ist. Ein Mensch mit Eßstörungen ißt aus Gewohnheit oder Sucht, ohne einen Gedanken an Hunger und ohne den Geschmack des Essens wahrzunehmen. Der normale Mensch nimmt den Geschmack und die Menge an Essen wahr, die er zu sich nimmt.

Ähnlich verhalten sich Messies, wenn es um das Haus geht. Sie tun viele destruktive Dinge, ohne die negativen Folgen ihres Vorgehens überhaupt zu bemerken. (Die Post ist dafür ein gutes Beispiel. Messies legen sie oft gedankenlos irgendwo auf einem großen Haufen ab. Sie behalten alles, auch wenn es nur Postwurfsendungen sind.) Hier einige Tips, die dabei helfen können, zu entscheiden, was man behält, bis man die »Alles-behalten-Einstellung« abgelegt hat.

a. Achten Sie darauf, was im Haus geschieht. Wenn Sie etwas kaufen wollen, besonders wenn es etwas Großes ist, warten Sie damit so lange, bis sie genau wissen, wo Sie es hinstellen wollen. Stellen Sie sich – einige Tage vor dem Kauf – den Gegenstand immer wieder bildlich an der Stelle vor, an der Sie ihn haben möchten, und überlegen Sie, ob er wirklich dorthin paßt.

b. Ordnen Sie Dinge, von denen Sie nicht wissen, ob Sie sie behalten sollen oder nicht. Nehmen Sie sich einen Schrank oder eine Schublade vor, und teilen Sie alle Sachen, die darin sind, in drei Stapel ein. Wenn Sie etwas *wirklich* behalten wollen oder brauchen, kommt es auf den ersten Haufen, und Sie räumen es später ordentlich an den Platz, an den es gehört. Wenn Sie bei einer Sache nicht so recht wissen, was Sie damit tun sollen, legen Sie sie auf den zweiten Stapel, packen alles in eine Kiste mit der Aufschrift »unsicher« und versehen die Gegenstände mit dem Datum des betreffenden Tages. Was Sie im Laufe des nächsten Monats nicht brauchen, schaffen Sie ab. Die Sachen, die Sie gar nicht brauchen, legen Sie auf den dritten Haufen und geben sie weg.

Wenn Aufbewahren zu einer bewußten Entscheidung wird und kein automatischer Reflex mehr ist, dann gibt es im Haus mit Sicherheit weniger Unordnung. Wenn Sie beim Aufräumen des Schrankes ein Kleidungsstück finden, das Ihnen absolut nicht gefällt, legen Sie es auf den dritten Stapel, und werfen Sie es dann weg. Wenn Sie die Schublade mit der Post durchsehen und Sie finden einen Prospekt über Gewehre, aber Sie haben noch nie im Leben gejagt und haben auch nicht die Absicht, damit anzufangen, dann werfen Sie den Prospekt weg. Wenn Sie ihn für einen Freund aufbewahren, der Jäger ist, adressieren Sie sofort einen Umschlag, stecken Sie den Prospekt hinein und schicken Sie ihn fort. Legen Sie den Prospekt auf keinen Fall wieder aus der Hand oder gar in die Schublade zurück.

Der Zustand Ihres Hauses hängt von Ihrer Fähigkeit ab, Entscheidungen über Ihren Krimskrams zu fällen. Eine vertagte Entscheidung ist gar keine Entscheidung, und eine nichtgetroffene Entscheidung bewirkt, daß sich noch mehr Unordnung breitmachen kann.

Früher haben Sie Sachen behalten, weil Sie die vage Möglichkeit sahen, daß irgend jemand irgendwann vielleicht genau diesen Gegenstand gebrauchen könnte. Sie waren eine automatische Aufbewahrmaschine. Jetzt ist die Automatik abgeschaltet, und Sie haben die Kontrolle darüber, was Sie behalten wollen und was nicht.

»Einer teilt reichlich aus und bekommt immer mehr; ein anderer kargt, wo er nicht soll, und wird doch ärmer.«

5. Erfolgreiche Hausfrauen leben gegenwartsbezogen.
Dieses Merkmal hat weitreichende Konsequenzen. Weil sie nicht in der Vergangenheit leben, nicht ständig an Vergangenes denken und sich wenig Sorgen über die Vergangenheit machen, bewahren sie auch nicht viele Andenken aus der Vergangenheit auf, einschließlich Quittungen, Abholscheinen oder alte Trophäen. Nicht eine der Frauen, die ich interviewt habe, hatte einen Aktenschrank. Sie hatten alle eine kleine Schublade für ihre Papiere.

Der Grund für die hohe Wahrscheinlichkeit, daß Messies einen Aktenschrank haben, ist vielleicht symbolischer Natur. Aktenschränke sind ein Symbol für Ordnung, und Messies, die die Notwendigkeit von Ordnung bei sich erkennen, schließen wahrscheinlich haarscharf: »Je größer, desto besser und ordentlicher.« Deshalb kaufen sie einen großen Aktenschrank und warten dann darauf, daß dieser Schrank ihr Leben durchorganisiert. Statt dessen wird dieser Schrank zu einem weiteren Ort der Unordnung. Die einzige Verbesserung besteht vielleicht darin, daß sich jetzt wenigstens alle Papiere und Unterlagen an einem Ort befinden, wenn auch nicht geordnet.

Ein weiterer Vorteil, den es mit sich bringt, in der Gegenwart zu leben, besteht darin, daß man nicht immer einen genauen und detaillierten Plan für die Zukunft hat. Ich war erstaunt darüber, wie viele der von mir befragten erfolgreichen Durchschnittshausfrauen Projekte in Angriff nahmen ohne vorherige langfristige Planung. Eine hatte gerade ihr Badezimmer renoviert. Es war wirklich phantastisch mit einer schwarzen Badewanne, schwarzem Waschbecken und schwarzer Toilette und mit grauen Fliesen sowie vielen Spiegeln. Ich fragte sie, wie sie den Umbau geplant hätten, ob sie sich erst Zeitschriften über Badezimmergestaltung angeschaut hätten, ob sie viel unterwegs gewesen seien, um Preise zu vergleichen, ob sie professionelle Hilfe gehabt hätten?

Nein. Sie und ihr Mann waren in ein Sanitärgeschäft gegangen, hatten sich dort einen Prospekt geholt und sich die Preise der Objekte geben lassen, die sie ausgesucht hatten. Dann hatten sie die Sachen einbauen lassen von einem Handwerker, der nicht seine Meinung zu der Gestaltung gesagt hatte, der auch keine guten Ratschläge gegeben hatte, dem das Bad aber sehr gut gefallen hatte, als es fertig war. Sie hatten keinen Ordner voller guter Ideen gehabt, als sie anfingen. Sie hatten nicht langfristig geplant.

Dieses Fehlen von langfristiger Planung – in bezug auf Hobbies, Reisen, Dekoration usw. – war bei allen fähigen Durchschnittshausfrauen durchgängig vorhanden. Wenn sie etwas tun wollten, dann wußten sie, wo die nötigen Informationen zu bekommen waren. Einige von ihnen hatten gerade ihre Wohnungen renoviert. Sie hatten es alle auf die gleiche Weise bewerkstelligt – indem sie in ein paar Geschäfte gegangen waren und dann ausgesucht hatten, was ihnen gefiel. Und offensichtlich waren alle zufrieden mit ihrer Wahl.

Messies dagegen planen große Projekte oft weit im voraus für irgendeine nicht näher definierte Zukunft. Sie sammeln Broschüren und Zeitschriften aus Angst, daß, wenn es an der Zeit ist, das Projekt zu realisieren, sie vielleicht nicht wissen, was sie wollen oder wo sie es bekommen können. Am Ende sind Messies, die so eifrig und genau planen, weniger erfolgreich als Leute, die kaum planen.

Fähige Durchschnittshausfrauen sind nicht besonders ängstlich. Sie machen sich keine Gedanken darüber, daß irgend etwas, das sie in der Vergangenheit vergessen haben, sich in der Zukunft rächen könnte. Sie haben nicht eine ganze Reihe halbfertiger Projekte um sich her; und deshalb haben sie auch keine Angst davor, neue in Angriff zu nehmen. Sie haben keine Angst vor der Zukunft, und deshalb bewahren sie keine Sachen auf, die sie irgendwann in ferner Zukunft vielleicht einmal brauchen könnten.

Die Mentalität der fähigen Durchschnittshausfrau

Es genügt uns nicht zu sehen, was Durchschnittshausfrauen *tun*; wir müssen ein Gefühl dafür bekommen, wie sie *denken*. Wenn es um Fragen der Haushaltsführung geht, sind sie optimistisch und mutig. Sie haben einen sicheren Geschmack, und sie haben ihren Haushalt im Griff. Sie leben in der Gegenwart und hängen nicht an der Vergangenheit. Ihr Leben ist so erfüllt, daß sie keine Angst davor haben, zu kurz zu kommen.

In seinem Buch »Diets don't Work« (Diäten funktionieren nicht) rät der Verfasser Bob Schwartz seinen Lesern, die gleiche Haltung in bezug auf Essen einzunehmen wie schlanke Leute. Wir können uns dadurch leiten lassen und lernen, unsere Habseligkeiten aus der Perspektive einer fähigen Durchschnittshausfrau zu betrachten, wenn wir den gleichen Optimismus, die gleiche Distanziertheit zum Besitz von Dingen, die gleiche Entschlossenheit und die gleichen Wünsche an den Tag legen und einsetzen.

Veränderung ähnelt ein wenig den Aktivitäten von Trapezkünstlern. Sie schwingen, sich nur an einer Art Schaukel haltend, in der Luft hin und her und immer höher. In dem Augenblick, wo sie die richtige Höhe erreicht haben, lassen sie die eine Schaukel los und wechseln zu einer anderen, die aus der entgegengesetzten Richtung auf sie zukommt. Um an die zweite Schaukel zu gelangen, müssen sie erst die erste loslassen. Ähnlich ist es, wenn wir die alten Denkweisen loslassen. Sich zu ändern macht angst, aber wenn man die neue Schaukel ergreifen will, muß man erst die alte loslassen.

Kampf dem Chaos

1. Dies sind meine schlimmsten Befürchtungen, was passieren könnte, wenn ich eine gewisse Distanziertheit zu den Dingen in meinem Haus gewinnen würde:

a.

b.

c.

d.

2. Folgende Aktivitäten in meinem Leben würde ich gern ändern (z. B. Ich würde gern aufhören, alte Zeitschriften aufzubewahren.):

Ich möchte aufhören,

Ich möchte anfangen,

3. Einige der Dinge, die mich von einem schönen Zuhause ablenken, sind:

a.

b.

c.

4. Für mich ist es angesagt, folgende Denkmuster loszulassen:

a.

b.

c.

d.

5. Folgende Denkweisen sollte ich mir aneignen:

a.

b.

c.

d.

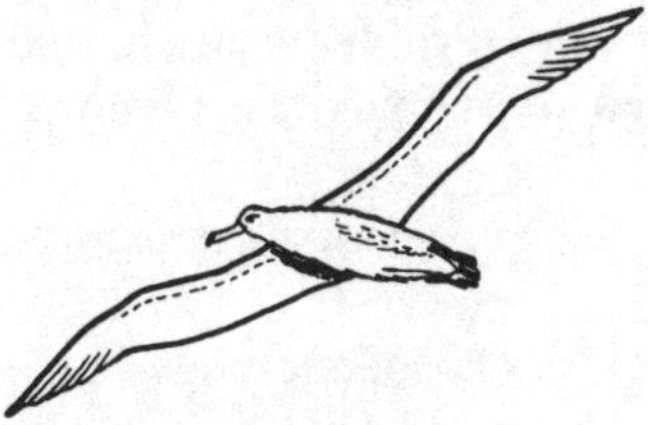

6

DIE FAMILIE ZUR MITARBEIT BEWEGEN

Messies haben einen ganz unterschiedlichen Hintergrund, was Hausarbeit betrifft. Manche hatten penible Mütter, die ständig aufräumten. Hausarbeit war ihnen gleichzeitig Hobby und Beruf. Das kleine Messie-Kind kam nun in diese wohlgeordnete Welt, und weder die Mama noch das Messie-Kind verstanden richtig, was da eigentlich vor sich ging. Immer wieder kam es zwischen Mutter und Kind zu Konflikten, aus denen meistens die Mutter als Siegerin hervorging. Manchmal wuchs das Kind auf mit einem Haß gegen das Haus, das als ständige Konfliktursache seine Kindheit überschattete.

Andere hingegen hatten Mütter, die ebenfalls Messies waren. Messie-Mama und Messie-Kind hatten es schwer, gemeinsam den Kampf gegen das Haus und die Unordnung darin zu führen, und manchmal machte eine die andere für alle Probleme verantwortlich. In ihrer Verzweiflung erwartete die Mutter von ihrem Kind vielleicht mehr Hilfe, als man von einem Kind, speziell einem Messie-Kind, erwarten darf. Und auch dieses Kind verspürte Haß gegen das Haus, das es als Ursache für seine Probleme ansah, und weil es sich vor seinen Freunden wegen der schrecklichen Unordnung darin schämte.

Die meisten Messies sind wahrscheinlich in einem durchschnittlichen Haushalt aufgewachsen.

Wie dem auch sei: Messies im Stadium der »Genesung« brauchen die Unterstützung ihrer Familie beim Lösen des Problems eines außer Kontrolle geratenen Haushaltes. Sie brauchen also Ihre Familie bei der Veränderung, die bei Ihnen persönlich stattfindet. Außerdem brauchen Sie sie zur Zusammenarbeit bei Ihren Plänen. Über ersteres kann man reden und verhandeln, über letzteres, mit wenigen Ausnahmen, nicht.

Unterstützung

Wahrscheinlich müssen Sie eine ganze Reihe von persönlichen Beziehungen in Betracht ziehen, wenn Sie an Ihre Familie und an Ihre Wohnung/Ihr Haus denken. Was die anderen auch über Ihre Pläne zur Änderung Ihres Lebens denken mögen, Sie sollten ihnen gegenüber klar und deutlich zum Ausdruck bringen, welche Art von Unterstützung Sie sich von ihnen wünschen. Vielleicht haben diese Mitmenschen Mitgefühl, vielleicht aber auch nicht. Wenn sie es haben, ist das eine gewisse Hilfe für Sie. Wenn sie Ihre Pläne nicht bejahen, dann werden Sie wahrscheinlich in Ihrem Vorhaben weitermachen, und die anderen werden vielleicht ein wenig später verstehen, was Sie eigentlich wollen, und Ihnen dann ihre Hilfe anbieten.

Es gibt vier Gründe, weshalb die Familien von Messies sich Veränderungen widersetzen:

1. Manche Ehemänner widersetzen sich unbewußt, weil sie es gewohnt sind, die überlegene Person zu sein, was das Haus und den Haushalt angeht. Sie haben sich daran gewöhnt, an dem betreffenden Messie herumzukritisieren und ihr zu sagen, was sie im Haushalt und auch sonst zu tun hat. Wenn nun »so eine Messie« beginnt, den Haushalt selbst in die Hand zu nehmen, dann schwindet diese Vormachtsstellung in bezug auf den Haushalt.

Möglicherweise behagt dem Ehemann dieses Gefühl schwindender Macht gar nicht.

2. Manche Ehemänner haben das Gefühl, eine Trumpfkarte in der Beziehung zu verlieren, wenn die Messie-Ehefrau sich ändert. Wenn ein Ehemann die Unordnung zu Hause bis jetzt immer dafür benutzt hat, zum Ausgleich andere Dinge von seiner Frau zu bekommen, dann kann er jetzt keine »Extras« mehr fordern.

3. Vielleicht hat der Ehemann bis jetzt den Zustand der Wohnung als Entschuldigung dafür benutzt, bestimmte Dinge nicht zu tun, zu denen er keine Lust hat, beispielsweise Gäste einzuladen. Diese Ausrede fällt nun weg.

4. Vielleicht hat der Ehemann bis jetzt immer seine Frau für das Problem der Unordnung verantwortlich gemacht. Wenn sie sich jetzt ändert, dann wird offensichtlich, daß er und andere Familienmitglieder nicht nur unschuldige Opfer von Mamas Problem sind, sondern womöglich beteiligt sind.

Behalten Sie diese Gründe für Widerstand im Hinterkopf, wenn Sie Ihrer Familie erklären, daß Sie Unterstützung brauchen. Oft sind die anderen Familienmitglieder sich ihres eigenen Widerstandes gar nicht bewußt. Bitten Sie sie eindeutig um Hilfe, und gehen Sie dann gemeinsam die anstehenden Probleme an.

Mitarbeit

Über den Bereich der Kooperation kann nicht verhandelt werden. Ihre Familie wird ihren Anteil an der Hausarbeit tun müssen. Hier muß aber behutsam vorgegangen werden. Sie streben schließlich keine Perfektion an. Sie wollen sich ja nicht in ein zankendes, keifendes Weib verwandeln, das anderen das Nachhausekommen vergällt. Wenn sich Ihre Erwartung an die Familienmitglieder ändert, dann werden einige eingeschliffene Verhaltensweisen abgelegt werden müssen.

Vielleicht haben Sie es beispielsweise mit einem Chaoten-Kind zu tun, das Angst vor Veränderung hat und Angst davor, seinen persönlichen Müll und die persönliche Unordnung zu verlieren. Wenn Sie gegen eine solche zwanghafte Angst angehen wollen, dann müssen Sie verständnisvoll, aber auch konsequent sein.

Fähige Durchschnittshausfrauen erwarten die Mitarbeit ihrer Familien. Eine dieser Frauen, mit denen ich sprach, hatte drei Regeln für ihre Familie:

1. Räumt euer schmutziges Geschirr nach dem Essen ab, spült es kurz ab und stellt es in die Spülmaschine.
2. Tut eure schmutzige Wäsche und eure schmutzigen Handtücher in den Wäschesack.
3. Wischt die Duschkabine nach dem Duschen trocken (ein absolutes Muß).

Hin und wieder bittet sie ihre Familie auch, zusätzlich die eine oder andere Aufgabe zu erledigen, wie beispielsweise die trockene Wäsche aus dem Trockner zu nehmen und zusammenzulegen oder die Spülmaschine auszuräumen. Sie ist der Meinung, daß die Familienmitglieder nicht so viel Unordnung machen, wenn sie auch beim Saubermachen helfen müssen. Außerdem genießen sie dann auch das stolze Gefühl um so mehr, ein schönes ordentliches Zuhause zu haben.

Kampf dem Chaos

1. Wen müssen Sie in bezug auf Unterstützung bei Ihren Veränderungen ansprechen?

a.

b.

c.

d.

2. Wann wollen Sie mit ihm/ihr sprechen?

3. Welche Strategie wollen Sie wählen, um sie davon zu überzeugen, wie wichtig ihre Kooperationsbereitschaft ist?

4. Zählen Sie die Namen der Leute auf, deren Mitarbeit wichtig ist für das Gelingen Ihres Vorhabens. Schreiben Sie neben den betreffenden Namen die Aufgabe, die er/sie übernehmen soll.

Name	Aufgabe, die er/sie übernehmen soll

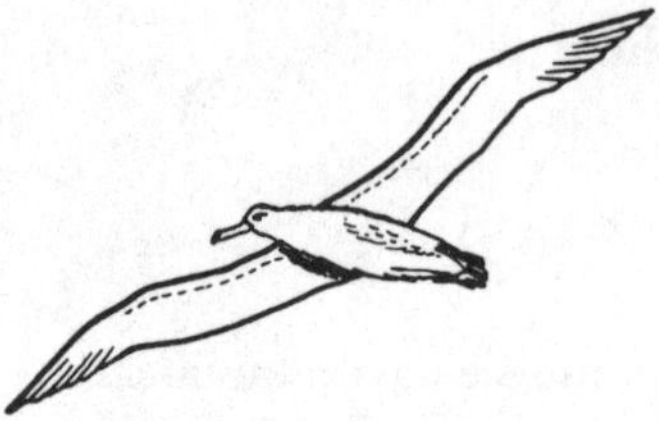

7

SICH SELBST ETWAS GUTES TUN

Die Tochter des ehemaligen Präsidenten der Vereinigten Staaten, Maureen Reagan, und ich waren uns in einem Telefoninterview darüber einig, daß wir keine Verbesserungen im Haus in Angriff nehmen, wenn sie länger als fünf Minuten dauern und mehr Utensilien als einen Hammer erfordern. (Namen von berühmten Leuten so ganz nebenbei fallenzulassen, ist eines der Dinge, die ich besonders gern mag.) Ich erwähne es aber, um nun hilfreiche Hinweise einzuführen, die ganz einfach umzusetzen sind.

Der Telefonbereich

Haben Sie schon mal am anderen Ende der Leitung eine frustriert klingende Stimme sagen hören: »Einen Augenblick, der Stift hier funktioniert nicht. Der Stift beim Telefon geht nie! Phil, kannst du mir bitte mal einen Stift geben? Einen Augenblick noch . . . Phil!!! Gut. O. K., jetzt bin ich soweit. Also, Sie können es jetzt sagen.«

Vielleicht waren Sie selbst die frustrierte Stimme am Ende der Leitung. Und als Sie dann endlich einen Stift hatten, haben Sie sich vielleicht gefragt, worauf Sie jetzt die Notiz schreiben sollten. Das Nachrichtenzentrum am Telefon ist oft einer der Bereiche in einem desorganisierten Haushalt, an dem das größte Durcheinander herrscht, und dabei ist dieser Bereich so einfach zu organisieren. Tun Sie sich selbst einen Gefallen, und schaffen Sie Ordnung am Telefon. Dazu brauchen Sie nur einige wesentliche Dinge.

Das erste ist der bereits erwähnte Stift. Es muß aber einer sein, der an einer dehnbaren Schnur am Telefon befestigt ist. Auf diese Weise kann ihn niemand achtlos einstecken oder »nur mal kurz« mitnehmen. Fragen Sie im Schreibwarenladen oder in einem Geschäft für Bürobedarf danach.

Der zweite Ausrüstungsgegenstand, den Sie brauchen, ist ein Spiralblock oder -heft, auf dem Sie Nachrichten notieren oder sich beim Gespräch Notizen machen können. Am günstigsten ist ein Heft mit Durchschlagpapier. Das Original wird abgerissen, und das Duplikat bleibt in dem Heft. Wenn jemand anruft und eine Telefonnummer für Ihren Mann hinterläßt, schreiben Sie sie in das Heft, reißen das Original heraus und geben es an Ihren Mann weiter. Wenn er den Zettel verlegt, haben Sie immer noch den Durchschlag in dem Buch. (Sie werden sich wundern, wie oft Sie auf die Durchschläge im Heft zurückgreifen müssen.) Sorgen Sie dafür, daß dieses Buch oder Heft beim Telefon bleibt.

Der dritte Ausrüstungsgegenstand, den Sie beim Telefon gebrauchen, ist ein Adressenregister.

Der vierte Gegenstand ist ein Telefontisch, auf dem das Telefon steht oder den Sie unter einem Wandtelefon anbringen können. Versuchen Sie nicht, sich mit zu wenig Platz oder Provisorien zufriedenzugeben.

Der Küchenbereich

Das wichtigste zum Thema Küche ist, sie von überflüssigem Kram zu befreien. Indem wir uns die Dinge in der Küche Stück für Stück betrachten, bekommen wir diesen Bereich unseres Hauses langsam in den Griff, und sie wird so, daß wir gut und angenehm darin arbeiten können.

Als erstes lassen Sie uns ganz ehrlich sein. Das eigentliche Problem mit der Küche besteht doch darin, daß sie mit viel zu vielen unnützen, überflüssigen Sachen vollgestopft ist. Frauen nehmen alles begierig auf, von dem sie glauben, sie könnten dadurch besser für ihre Familie sorgen. Deswegen ist es auch so schwierig, sich von Küchensachen zu trennen. Aber je mehr unnützen Krempel wir behalten, desto ineffektiver wird unsere Versorgung sein. Durch viel Zeugs entsteht zwar die Illusion des guten Versorgens, aber die hat mit der Realität nichts zu tun.

Verstauen Sie die Sachen, die Sie lange nicht benutzt haben, in Kartons. Notieren Sie auf den Kartons das Datum, das wir heute in zwei Monaten haben. Bis zu diesem Darum »dürfen« Sie dann noch Sachen aus den Kartons wieder herausholen. Alles, was Sie bis zu dem genannten Termin nicht gebraucht haben, sollten Sie für wohltätige Zwecke spenden.

Die Arbeitsflächen

Die Arbeitsflächen bestimmen die Atmosphäre einer Küche. Wenn sie ordentlich und sauber sind, wirkt die ganze Küche sauber und ordentlich. Achten Sie beim Aufräumen darauf, daß so wenig wie möglich auf den Arbeitsflächen und dem Tresen, wenn es einen gibt, steht.

Es gibt Vorrichtungen, die man unter Hängeschränken befestigen kann, auf denen man dann Kaffeemaschinen, elektrische Dosenöffner, Radios, Toaster, Mixer usw. unterbringen kann. Auf diese Weise hat man Platz gewonnen auf den Arbeitsplatten. Viele Dinge können auf diese Weise von den Arbeitsflächen verschwinden. Vorräte, die oft auf den Arbeitsflächen stehen, bewahre ich in den Schränken auf, und zwar immer in der Nähe des Ortes, wo ich sie gebrauche.

Stecken Sie nicht Kochlöffel, Pfannenheber, die Rührstäbe vom Mixer und Küchenmesser in einen Topf, wo sie dann aussehen wie ein wirrer Metallblumenstrauß. Hängen Sie sie an speziell dafür vorgesehene Leisten oder Haken. Für Messer gibt es beispielsweise Magnetschienen. Auch Gewürzregale lassen sich gut unter den Hängeschränken an Leisten anbringen. Und denken Sie daran, daß man auch in den Türen der Hängeschränke in speziell dafür vorgesehenen Vorrichtungen Dinge unterbringen kann.

Wenn Sie nicht genügend Platz in den Schränken haben, können Sie zwischen Hängeschränken und Arbeitsplatten noch ein Regal anbringen, auf dem sie die Sachen unterbringen, die bisher auf der Arbeitsfläche lagen. Auf die Arbeitsplatte oder den Tresen können Sie dann eine Blumenvase oder einen Blumentopf stellen, und das ist auch genug. Eine so aufgeräumte Arbeitsfläche kann jederzeit benutzt werden, ist schön anzusehen und inspiriert Sie sicherlich.

Ich könnte Ihnen an dieser Stelle auch raten, in die Mitte einer Bademütze ein Loch zu bohren, die Rührstäbe eines Handmixers durchzustecken und das Ganze dann beim Sahneschlagen als Spritzschutz zu benutzen. Dadurch gibt es zwar keine Spritzer, aber am Ende haben Sie eine völlig verschmierte Duschhaube mit einem Loch in der Mitte. Und wo sollen Sie ein solches Utensil aufbewahren? Vielleicht schmunzeln Sie, aber auf solche Dinge kommen Messies tatsächlich.

Ich könnte Ihnen auch raten, kleine Kreise aus Plastikdeckeln auszuschneiden, in die Mitte ein kleines Kreuz zu schlitzen und diese dann zum Verschließen von Gefrierbeuteln zu verwenden. Aber mit solchen Tips zur »Küchenorganisation« wären Sie über kurz oder lang wieder bei Ihrem Sammel- und Hort-Syndrom, sie würden Zeit vergeuden und Chaos verbreiten. Ordnen Sie die Dinge statt dessen vernünftig, und übertreiben Sie es nicht. Oft ist weniger mehr, und das trifft speziell auf die Küche zu.

Der Kühlschrank

Es gibt wahrscheinlich keinen Bereich in der Wohnung, an dem auf so entlarvende Weise deutlich wird, daß man ein Messie ist, wie den des Kühlschranks. Die Kühlschränke von Messies sind gewöhnlich voll mit verschiedenen Sachen in mannigfachen Behältern und in unterschiedlichen Zerfalls- bzw. Zersetzungsstadien. Messies bewahren noch Happen und Häppchen und Reste und Restchen auf, die andere Leute längst weggeworfen haben.

Ein Messie auf dem Wege der Besserung kann beginnen, so überzuorganisieren, daß er dadurch neues Chaos produziert. Ordnen Sie die Dinge auf vernünftige Weise, und übertreiben Sie es nicht.

Vielleicht kommt ja ein Kätzchen an der Haustür vorbei, und dann brauchen Sie vielleicht etwas, um es zu füttern. Also bewahren Sie den kleinen Rest auf – für alle Fälle. Der Kühlschrank ist auch deshalb so voll, weil Messies vergessen, was sie hineingetan haben. Kein Mensch könnte sich an all die kleinen Restchen erinnern.

Fähige Hausfrauen werfen grundsätzlich mehr weg als Messies. Wenn auch Sie zu den Messies mit unordentlichem Kühlschrank gehören, dann versuchen Sie, weniger hineinzutun als jetzt. Um den Überblick über die Reste in Ihrem Kühlschrank zu behalten, kaufen Sie sich beispielsweise eine kleine Magnettafel mit einem Folienstift. Befestigen Sie beides an der Kühlschranktür, und notieren Sie, welche Reste Sie an welchem Tag in den Kühlschrank gestellt haben.

Es ist auch sehr hilfreich zum Ordnen von Dingen, wenn man kleine eckige Plastikkörbe verwendet. Besonders Würzmittel kann man darin gut aufbewahren. Sonst geschieht es leicht, daß die kleinen Fläschchen, Gläser oder Tuben irgendwo nach hinten rutschen und dann über kurz oder lang in Vergessenheit geraten. Wenn man dann endlich wieder einmal den Kühlschrank saubermacht, findet man fünf angebrochene Tuben Senf und acht angebrochene Gläschen mit Kapern. Sperren Sie sie also lieber in Körbe, dann finden Sie sie, wenn Sie sie brauchen.

Es ist von großer Bedeutung, eine Ausgewogenheit herzustellen und beizubehalten. Bewahren Sie so wenig wie möglich auf, aber was Sie aufbewahren, das sollten Sie auch effektiv aufbewahren.

Andere Bereiche des Hauses, über die Sie nachdenken sollten, wenn Sie Ihr Haus in Ordnung bringen wollen, sind die Kinderzimmer, die Badezimmer und die Schränke.

8

ZEITPLANUNG

Drei grundlegende Dinge sind nötig, um Zeit richtig zu planen.

Ein Ziel

Eine der Grundaussagen dieses Buches ist die, daß Messies meist nur vage Vorstellungen davon haben, was sie eigentlich wollen. Sie werden von verschiedenen Kräften hin- und hergerissen und wissen kaum, was sie wirklich wollen. An dieser Unsicherheit liegt es meines Erachtens, daß Messies ihre Zeit so zerstückeln. Weil sie nicht in der Lage sind, sich für einen bestimmten Lebensstil zu entscheiden, bekommen sie ihre Zeit nicht in den Griff.

> »Könntest du mir bitte sagen, welchen Weg ich nehmen soll?« fragte Alice.
> »Das hängt zu einem guten Teil davon ab, wohin du gehen möchtest«, sagte die Katze.

»Ach, es ist mir eigentlich egal, wohin«, sagte Alice.
»Dann ist es eigentlich auch egal, welchen Weg du nimmst«, sagte die Katze.

Wir können uns sicher wiederfinden in dem Gespräch zwischen Alice und der Katze in Lewis Carrolls Buch »Alice im Wunderland«. Wir haben uns noch nicht richtig entschieden, wohin wir gehen wollen. Jetzt ist ein guter Zeitpunkt, diese Entscheidung zu treffen. Entscheiden Sie, welchen Weg Sie in den folgenden Bereichen wählen wollen. Formulieren Sie ein Ziel. Nachdem Sie die Ziele aufgeschrieben haben, werden Sie vermutlich besser wissen, wie Sie Ihre Zeit organisieren müssen, um dorthin zu gelangen.

1. Persönliche Entwicklung
2. Mann
3. Kinder
4. Ausbildung/Erziehung
5. Kontakte nach außen
6. Beruf
7. Geistliches Leben
8. Haus
9. Sonstiges

Nehmen Sie sich Zeit, um die Liste durchzugehen. Markieren Sie die Punkte, die Ihnen am wichtigsten sind, mit einer 1 und die, die Ihnen am wenigsten wichtig sind, mit einer 3. Die Punkte, die übrigbleiben, bekommen eine 2 und sind von mittlerer Bedeutung.

Ein Plan

Als nächstes brauchen Sie einen Plan, der Ihnen dabei hilft, Ihre Ziele auch zu erreichen. Wenn eines Ihrer Ziele beispielsweise darin besteht, ein Buch zu schreiben, dann könnte es zu Ihrem Plan gehören, morgens eine Stunde früher aufzustehen, um zu schreiben, wenn es im Haus noch still ist.

Ihr Plan sollte alles enthalten, was nötig ist, um Hindernisse auf dem Weg zu Ihrem Ziel auszuräumen. Wenn eines Ihrer geistlichen Ziele etwa ist, jeden Monat ein anderes Ehepaar aus Ihrer Gemeinde zu sich nach Hause einzuladen, dann sollte Ihr Plan enthalten, wer für das Saubermachen welchen Bereiches der Wohnung zuständig ist, was geputzt werden muß, was Sie den Gästen anbieten wollen und wann Sie die dafür nötigen Einkäufe tätigen wollen.

Aufzeichnungen

Um all diese Informationen aufzuzeichnen, kaufen Sie sich ein Heft, in dem Platz sein sollte für Ihre Ziele und für die Pläne, was zu tun und was einzukaufen ist. Außerdem sollte Raum für Adressen und Termine sein. Es sollte so klein sein, daß es in die Handtasche paßt und man nicht eine Extratasche dafür benötigt.

Wenn Sie es regelmäßig benutzen, kann dieses Buch Ihnen dabei helfen, die für Sie richtige Richtung beizubehalten. Die Tatsache, daß darin Informationen schriftlich fixiert sind, verleiht diesen Informationen größere Wichtigkeit. Schlechte Planung und Ablenkbarkeit halten sich in Grenzen, wenn wir unsere Pläne schwarz auf weiß vor uns haben. Messies werden merken, daß ihre Beziehung zu ihrem Planungsbuch wechselhaft sein kann. Das Führen des Buches erfordert nämlich in der Regel ein lineares Schritt-für-Schritt-Denken. Messies denken aber von Natur aus nicht so.

Eine solche »To-do«-Liste hilft Ihnen dabei, diese Art des Denkens auszubalancieren, aber sie verursacht auch Spannungen in der Beziehung zwischen Messies und ihrem Planungsbuch. Messies können beispielsweise feststellen, daß die To-do-Liste mal mehr, mal weniger wichtig ist. Wenn ein Messie beispielsweise eine geistig kreative Aufgabe zu erledigen hat, bei der ein schrittweises Denken nicht unbedingt Voraussetzung ist, dann ist die Liste vielleicht nicht so sehr von Bedeutung. Wenn aber eine mechanische Aufgabe zu erledigen ist, bei der Planung und Koordination das A und O sind, wie beispielsweise beim Renovieren, dann spielt das Buch eine dringliche Rolle.

Wenn Sie einige Ziele und Pläne gesammelt und aufgeschrieben haben, können Sie beginnen, Ihre Zeit unter Kontrolle zu bringen. Ohne Ziele und Pläne gewinnt Zeit nämlich eine Eigendynamik.

Mein Onkel war Besitzer einer Plantage, in der noch mit Maultieren gearbeitet wurde, auch als es schon Traktoren gab. Wenn wir an Maultiere denken, stellen wir uns Tiere vor, die stur stehenbleiben, wenn man möchte, daß sie weitergehen. Aber das ist noch nicht alles. Die Maulesel meines Onkels gingen auch weiter, wenn man wollte, daß sie stehenblieben, und meistens gingen sie dann auch noch in die falsche Richtung. Und wehe dem, der mit ihnen auf offenes Gelände ging, wenn sie los waren. Ich habe immer noch das Bild von gestandenen Männern vor Augen, die mit störrischen Mauleseln kämpften. Nachdem die Männer die Esel davon überzeugt hatten, wer das Sagen hatte, beruhigten sich die Tiere und taten wieder ihre Arbeit. Jeden Tag mußten die Männer erneut die einzelnen Schritte mit den Tieren durchgehen. Der springende Punkt bestand darin, daß die Leute, die mit den Eseln arbeiteten, sie *unter strenger Kontrolle halten mußten*, sonst machten die Tiere, was sie wollten und arbeiteten überhaupt nicht mehr.

Genauso verhält es sich mit der Zeit. Sie hat eine eigene Dynamik. Wenn wir sie nicht unter Kontrolle behalten, dann hebt sie ab und schleift uns hinter sich her. Und wir fuchteln, im Bild gesprochen, mit den Armen und schreien, daß wir nicht genug Zeit haben, um das zu erledigen, was getan werden muß. Zeit bekommt ein Eigenleben, wenn wir sie nicht durch unsere Pläne begrenzen und sie zum Erreichen unserer Ziele einsetzen. Um die Zeit unserer Planung anzupassen, müssen wir sie von unseren falschen Denkweisen befreien. Das bedeutet, daß wir manche Verhaltensweisen ändern müssen.

Impulsivität

Messies planen nicht im voraus. Sie mögen lieber spontane Entscheidungen und Aktionen. Manche Messies planen erst kurz vor dem Mittagessen, was sie kochen wollen, weil sie nicht im voraus wissen, worauf sie an diesem Tag gerade Appetit haben.

Ich habe ja bereits erwähnt, daß Messies mehr auf emotionaler Grundlage arbeiten als andere Menschen. Sie warten auf die richtige Stimmung für bestimmte Aufgaben oder Tätigkeiten. Eine solche Spontaneität mag zwar in geringer Dosierung ganz gesund sein, aber sie trifft unseren Zeitsparplan in seinem Kern. Niemand erwartet von Messies, daß sie ihre Spontaneität ganz aufgeben, aber Spontaneität gehört zu den Dingen, die nur dann von Wert sind, wenn man sie maßvoll anwendet.

Weil Messies ganz für den Augenblick leben, denkt man von ihnen oft, sie hätten ein schlechtes Gedächtnis. Aber es ist nicht direkt so, daß sie Sachen vergessen, sondern sie nehmen sich einfach nicht die Zeit, daran zu denken. Sie verschwenden beispielsweise oft ihre Zeit damit, noch einmal zum Supermarkt zu fahren und etwas zu kaufen, weil sie etwas vergessen haben. Was sie in Wirklichkeit versäumt haben, ist das Schreiben einer Liste, bevor sie zum ersten Mal gegangen sind. Lernen, Dinge aufzuschreiben, hilft bei der Lösung solcher Probleme und spart dabei ein gutes Stück Zeit.

Übertriebene Hilfsbereitschaft

Weil Messies so außerordentlich hilfsbereit sind, verlieren sie oft die Kontrolle über ihre Zeit. Oft gehören die Leute, denen sie helfen, zu ihrer Familie. Nachdem Ihr Sohn John zwei Tage frei gehabt hat, muß er heute um vier wieder im Imbiß arbeiten, in dem er neben der Schule jobbt. Um zwölf sagt er Ihnen, daß seine Berufskleidung, die er bei der Arbeit tragen muß, noch gewaschen, getrocknet und gebügelt werden muß. Dies ist nur zu bewältigen, wenn Sie augenblicklich alles andere, was Sie gerade zu tun haben, stehen- und liegenlassen und Ihrem Sohn aus der Patsche helfen. Und genau das erwartet John auch von Ihnen.

Mary hat am Freitag in der Schule Projekttag. Am Donnerstagabend um sieben Uhr sagt sie Ihnen, daß sie für morgen Fotokarton und Textmarker braucht. Sie sagt, daß ihr das erst gerade eben wieder eingefallen ist. Jetzt erwartet sie von Ihnen, daß Sie sich ins Auto setzen und ihr die Sachen noch besorgen.

Zeit hat ihre eigene Dynamik. Wenn wir sie nicht unter Kontrolle haben, dann hebt sie ab und schleift uns hinter sich her.

Diese Kinder haben schon früh die Erfahrung gemacht, daß ihre Mütter sich aus lauter Gutmütigkeit ihrer Schlamperei unterordnen und anpassen. (Und vergessen Sie nicht, daß Messies selbst mitverantwortlich sind bei der Entwicklung eines solchen Verhaltens.) Vielleicht erfahren sie die Befriedigung, wenn sie Gelegenheit haben, anderen aus der Patsche zu helfen. Es gibt ihnen das Gefühl, gebraucht zu werden, wichtig zu sein.

Messies, die in diese Falle geraten sind, sollten folgendes Motto beherzigen und so ihren Angehörigen begegnen:

> Schusseligkeit deinerseits bedeutet nicht unbedingt, daß für mich ein Notfall vorliegt und ich helfen muß.

Weichherzige Messies müssen lernen, hinter ihren Entscheidungen zu stehen und nicht immer die Kinder aus Situationen zu retten, in die diese sich selbst hineinmanövriert haben.

Die Lösung dieses Problems ist aber weit schwieriger, wenn es der Papa – also der Ehemann – ist, der fordert. Er läßt seine Frau alle möglichen Erledigungen in letzter Minute machen, die in Ruhe hätten erledigt werden können, wenn er rechtzeitig daran gedacht hätte.

Messies tun sich solche Dinge aber auch selbst an. Man nennt das auch fehlende oder mangelnde Vorbereitung. Sie wissen erst in dem Augenblick, in dem sie damit beginnen, was sie zur Erledigung einer bestimmten Aufgabe brauchen. All solche Erledigungen und Vorbereitungen »im Spurt« sind elende Zeitfresser. Mit ein wenig Vorausdenken könnten all die Irritationen, die sie verursachen, auf nahezu Null reduziert werden. Wenn wir es lernen, solchen gedankenlosen und konfusen Menschen die Hilfe zu verweigern, sind wir der Heilung von unserem übertriebenen Bedürfnis, gebraucht zu werden, wieder ein Stück näher gekommen.

Perfektionismus

Perfektionismus ist ein schlimmer Zeitfresser. Es ist nichts Falsches daran, Dinge gut zu tun, aber die unrealistischen Forderungen, die viele Messies an sich selbst stellen, führen dazu, daß es unmöglich wird, überhaupt irgend etwas zu schaffen. »Mach es gut, oder laß es ganz sein«, lautet ihre Devise. Aber was ein Messie darunter versteht, etwas »gut« zu machen, unterscheidet sich oft ziemlich drastisch von dem, was ein Durchschnittsmensch darunter versteht. Für die meisten Menschen bedeutet »Küche putzen«, alle Möbel von der Stelle zu rücken und dahinter sauberzumachen, alle Regale abzuwischen, Altes wegzuwerfen und alles wieder einzuräumen. Messies würden das alles ebenso tun, *aber darüber hinaus noch viel mehr.* Sie würden jeden Topf und jede Vorratsdose auswaschen, sie würden sich den Kopf darüber zerbrechen, welche Vorräte wo zuzuordnen sind, und dann würden sie womöglich Tütensuppen, Gemüsekonserven und Gewürze alphabetisch ordnen. Das ist nicht nur eine zeitraubende Angelegenheit, sondern es kann auch durchaus kompliziert werden, weil Messies es gern haben, wenn Gefäße gleicher Größe und Form beieinander stehen; also geraten ihre genau ausgeklügelten Ordnungssysteme manchmal durcheinander. Messies müssen lernen, »nein« zu sagen und sich wegzudrehen, wenn sie der Perfektionismus durch ein unaufgeräumtes Küchenregal lockt.

Stimmungsschwankungen

Starke Stimmungsschwankungen wirken sich auf die Produktivität aus. Wochen- oder gar monatelang können Messies sich völlig auf ihre To-do-Listen verlassen, aber eines schönes Tages schwindet die Gewißheit über deren Nützlichkeit auf unerklärliche Weise, und sie gleiten wieder in ein langsameres, weniger organisiertes Lebensmuster ab. Gute und nützliche Gewohnheiten machen Urlaub. Die alte, desorganisierte Lebensweise ist wieder da. Zu einem solchen Zeitpunkt ist es für Messies wichtig, sich an bestimmte Dinge zu erinnern.

1. Gehen sie keine längerfristigen Verpflichtungen ein.
Weil ich weiß, daß solche Stimmungsschwankungen immer wieder auftreten, versuche ich, keine längerfristigen Verpflichtungen einzugehen, von denen ich weiß, daß ich mich selbst damit überfordere. Zur Zeit habe ich großes Interesse an Körperfitneß. Es macht mir Spaß, in einem Fitneßcenter in unserer Nähe zu trainieren. Als der Zeitpunkt kam, an dem ich mich entscheiden mußte, ob ich mich für ein Jahr oder zwei Jahre einschreiben wollte, habe ich mich erst einmal für ein Jahr entschieden, weil ich weiß, daß ich nach einem Jahr vielleicht ganz anders über diese Art körperliche Ertüchtigung denke. Wenn es mich dann immer noch interessiert, kann ich mich noch für ein weiteres Jahr verpflichten. Wenn nicht, warte ich ab, ob mein Interesse zurückkehrt, und melde mich dann gegebenenfalls wieder an. Wenn wir uns selbst kennen und uns so akzeptieren, können wir besser kluge Entscheidungen treffen.

2. Akzeptieren Sie Stimmungsschwankungen.
Sie sind Teil Ihres natürlichen Wesens, und es hat einen Zweck, daß es sie gibt. Manchmal signalisieren sie den Beginn einer schöpferischen Phase. Manchmal sind sie auch nur eine Phase der Ruhe, in der Messies zu einem organisierteren Lebensstil zurückkehren können. Lassen Sie sich nicht dadurch entmutigen, und haben Sie nicht das Gefühl, versagt zu haben. Die organisierte und geordnete Lebensweise wird früh genug wieder zurückkehren und Sie zu einer produktiveren Ordnung stimulieren.

3. Halten Sie die Stimmungsschwankungen unter Kontrolle.
Lassen Sie, wenn nötig, andere Dinge sein, aber versuchen Sie, die grundlegenden Gewohnheiten und Verpflichtungen beizubehalten. Je länger ein Messie ein geordnetes Leben führt, desto weniger können die Schwankungen zu einem lässig-chaotischen Lebensstil führen, der die Ordnung und Schönheit in Ihrem Leben angreifen und schädigen könnte.

Von der Würde Besitz ergreifen

Das Leben ist in vielerlei Hinsicht veränderlich, aber eine Konstante bleibt: Messies haben, genau wie andere Menschen, Wert und Würde. Die Tatsache, daß wir uns in bezug auf Organisation von anderen unterscheiden, ändert daran nichts. Seien Sie nicht ärgerlich und ungeduldig mit sich selbst, weil Sie nicht so ausdauernd und gleichbleibend ordentlich und organisiert sind, wie Sie es gern wären.

Außer den Stimmungsschwankungen gibt es auch andere Hoch- und Tiefphasen, die wir respektieren müssen, wenn wir unsere Ziele erreichen wollen. Das sind zum Beispiel die verschiedenen Phasen des Familienlebens. Es gibt Zeiten, in denen Frauen unter einem ungeheuren Druck stehen. Ich bin davon überzeugt, daß Männer im großen und ganzen gesehen nie mit einem solchen Ausmaß an Druck und Anspannung konfrontiert sind wie Frauen, besonders Frauen im gebärfähigen Alter.

Der Menstruationszyklus, Schwangerschaft, Stillzeit und Wechseljahre stellen eine Art von Streß dar, den nur Frauen erleben. Der Druck, Säuglinge, Kleinkinder und Schulkinder zu versorgen, sich um die Bedürfnisse des Ehemannes zu kümmern, den Haushalt zu besorgen und manchmal auch noch die Pirouette zwischen alldem und einer Berufstätigkeit hinzubekommen, das alles ist psychischer und physischer Streß, der in dieser Form nur auf den Schultern von Frauen lastet.

Natürlich ist zu hoffen, daß die Männer bei diesen Aufgaben helfen, aber aus Statistiken geht hervor, daß sie in der Regel nicht einmal die Hälfte der Arbeiten übernehmen, die mit der Familie zu tun haben, auch während der größten Streßzeiten im Leben einer Frau. Es gibt aber trotz allem Anzeichen dafür, daß Männer heute doch mehr im Haushalt helfen als früher. Frauen, die einen verständnisvollen und hilfsbereiten Ehemann haben, sollten dankbar sein. In den Jahren, in denen die Kinder noch klein sind, kann diese Hilfe den Unterschied zwischen Frieden und Chaos ausmachen.

Wenn eine Frau kleine Kinder hat, muß ihr klar sein, daß das ein ganz spezieller Lebensabschnitt ist. Ihre wichtigste Aufgabe sind jetzt die Kinder. Aber in ihrem Leben muß auch das Haus bzw. die

Wohnung ihren Platz haben, weil eine Frau in noch größeren Streß gerät, wenn sie zuläßt, daß durch die Forderungen der Kinder der Haushalt aus ihrem Blickfeld verschwindet. Es gibt nur eine Sache, die schwieriger ist, als in einer Familie mit kleinen Kindern einen ordentlichen Haushalt zu führen, nämlich mit kleinen Kindern in einem desorganisierten Haushalt zu leben.

Ein weiterer Rhythmus, dessen Sie sich bewußt sein sollten, ist Ihre persönliche innere Uhr. Manche Leute sind Morgen-, andere Nachtmenschen. Manche sind morgens und abends munter und wach, aber nachmittags müde und schlapp. Wir sind alle verschieden. Versuchen Sie, Ihre beste und aufmerksamste Zeit für schwierige Aufgaben und Entscheidungen einzusetzen. Die Aufgaben, bei denen nicht so wichtige Entscheidungen getroffen werden müssen und für die nicht soviel »Pep« nötig ist, sollten Sie in Ihre müderen Phasen legen.

Bei Frauen gibt es außerden noch ihren Monatszyklus. Seien Sie nett zu sich selbst, und verlangen Sie sich nicht soviel ab in Zeiten, in denen die Hormone merkwürdige Dinge mit Ihren Stimmungen und Ihrer Energie vornehmen.

Versuchen Sie, Ihren persönlichen Rhythmus zu finden und mit ihm in Einklang zu bleiben. Vielleicht machen Sie sich Sorgen, daß Sie nicht genug schaffen und Ihren Zeitplan völlig durcheinanderbringen, wenn Sie sich nicht selbst antreiben. Dies ist aber keine motivierende Denkweise. Wenn Sie verständnisvoll mit sich selbst sind, dann wird das daraus entstehende Wohlbefinden Ihnen neue Kraft geben – und zwar mehr, als wenn Sie sich mit zusammengebissenen Zähnen selbst zur Arbeit peitschen.

Ebenso sollten Sie Ihre eigenen Grenzen und Interessen berücksichtigen. Sie sind einzigartig. Verzichten Sie auf Aktivitäten, die nicht unbedingt sein müssen und die nicht Ihren Interessen und Fähigkeiten entsprechen. Wenn Sie sich bei einer Aufgabe sehr abmühen müssen und sie Ihnen keine Freude bereitet, dann ist es wahrscheinlich nicht Ihre Sache.

Vielleicht möchten Sie statt dessen lieber etwas tun, das Ihnen mehr liegt und woran Sie auch mehr Freude haben. Vielleicht lassen Sie diese Zeit auch einfach unverplant, um unter weniger Zeitdruck anderen Aufgaben nachgehen zu können.

Auch wenn wir selber vieles gut machen und dadurch die fiebrige Hast eines unorganisierten Lebens vermeiden können, entstehen wahre Ordnung und Schönheit nur aus Gott und durch Gott, der sowohl Ordnung als auch Schönheit geschaffen und beides für sehr gut befunden hat.

Jakobus ermutigt uns, Gott um Weisheit zu bitten; er wird sie uns freizügig geben. Das gilt natürlich nicht für konkrete Haushaltstips. Gott sagt uns nicht, daß unsere Ako-pads nicht rosten, wenn wir sie in einem porösen Tontopf aufbewahren. Er ordnet unsere Schritte, indem er uns die nötige Weisheit für ein ausgewogenes Leben gibt.

Es gibt Frauen, die durch ihre Beziehung zu Gott ihr Leben vollgepackt haben mit Aktivitäten und die dadurch ihre Familien und sich selbst sehr strapazieren. Ich will nicht behaupten, daß die Arbeit im Weinberg Gottes, wo es immer an Arbeitern fehlt, nicht wichtig sei.

Aber bevor wir uns in irgendwelche Aktivitäten stürzen, entweder unseren Haushalt neu zu organisieren, unsere Zeiteinteilung neu zu überdenken, außer Haus aktiv zu werden, uns bei wichtigen Familienaktivitäten zu engagieren oder auch in dem so wichtigen Weinberg zu arbeiten, müssen wir innehalten und unsere Mitte finden.

Ein Rad, das nicht zentriert ist, bewegt den Wagen zwar fort, aber die Fahrt ist holprig und mühsam, und der Wagen geht schneller kaputt als einer mit zentrierten Rädern. Das zentrierte Rad bewegt sich offensichtlich mühelos vorwärts und kommt gut voran.

George Matheson spricht von diesem reicheren und erfüllteren Leben und von der Quelle dieses Lebens in seinem Gebet, dessen erste Strophe lautet:

O Love that wilt not let me go,
I rest my weary soul in thee;
I give thee back the life I owe,
That in thine ocean depth its flow
May richer, fuller be.

Oh, du Liebe, die du mich nicht losläßt,
in dir findet meine müde Seele Ruh;
dir gebe ich das Leben zurück, das meines ist,
damit es in der Tiefe deines Ozeans
noch reicher fließen kann.

Beachten Sie, daß es hier darum geht, das erschöpfte, müde Leben abzugeben und statt dessen ein erfüllteres, reicheres Leben zu empfangen, nach dem sich unsere Seele, unser Geist und unser Körper sehnen.

John Greenleaf Whittier drückt denselben Sachverhalt in anderen Worten aus:

Take from the souls the strain and stress,
Ant let our ordered lives confess
The beauty of thy peace.

Nimm ab der Seele Hetzen und Rennen,
unser wohlgeordnet' Leben möge bekennen
die Wohltat deines Friedens.

Das ist eine Beziehung, auf die in einem Buch wie diesem nur andeutungsweise hingewiesen werden kann. Aber von dieser Beziehung her können Ordnung und Schönheit fließen, nach denen wir auf der Suche sind.

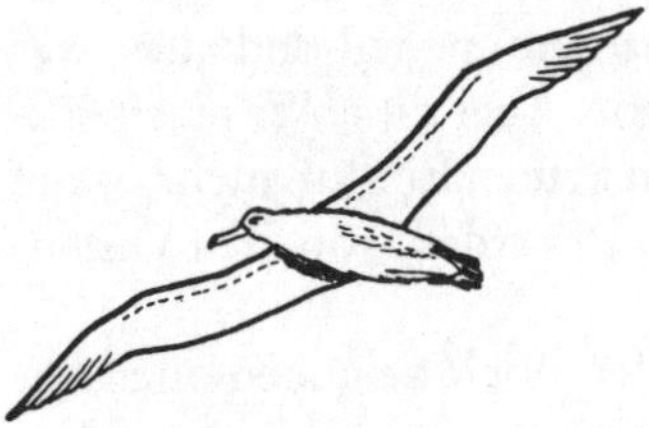

9

IM SCHÖNEN ORDNUNG FINDEN

Die morgendliche Fahrt zur Arbeit auf einer Schnellstraße in Südflorida kann ein wunderbares Erlebnis sein. Vor mir brach im Osten die Sonne durch die sich vor mir hoch auftürmenden Wolken. Erwärmt durch den Golfstrom, bildeten sie riesige Berge und fingen die Strahlen der Tropensonne, die durch die Wolken hochstieg. Neben mir auf den flachen, an die Straße angrenzenden Feldern hing der Bodennebel an der Erde und schwebte über den kühlen Feldern. Es war, als ob man durch eine mit Gebüsch bewachsene Ebene fuhr.

Ich wußte, daß dieses Erlebnis nur einen kurzen Augenblick lang dauern würde. Der Bodennebel war der Kraft der Sonne nicht gewachsen. Bald würde er sich den warmen Sonnenstrahlen ergeben, und alles würde wieder hell und warm sein. Die Feuchtigkeit des Nebels würde nicht wirklich verschwinden, sondern nur von der ihn umgebenden wärmeren Luft geschluckt werden.

Wiederum denke ich an uns Messies. Die Wesensmerkmale, die uns zu Messies machen, verschwinden nicht einfach. Wir sind immer noch vergeßlich, leicht ablenkbar, sentimental und alles, was ich bereits aufgezählt und erläutert habe. Aber diese Wesensmerkmale sind nicht mehr vorrangig, haben keinen Einfluß mehr, wenn sie von einer stärkeren Macht absorbiert werden, von dem Verlangen nach Ordnung und Schönheit.

Messies mögen gern Schönes schaffen. Viele zeichnen oder malen, andere schreiben Gedichte, Kinderbücher, Geschichten. Messies nähen, sind im Kunsthandwerk tätig, knüpfen Teppiche oder ziehen Kerzen. Manche nehmen an Ikebana- oder Patchworkkursen teil.

Wenn man ihre Häuser oder Wohnungen sieht, würde man das nie für möglich halten. »Unattraktiv« ist ein Begriff, der den Zustand dieser Wohnungen ziemlich genau trifft. Wenn man aber genau hinsieht, stellt man fest, daß diese Häuser und Wohnungen auch attraktive und schöne Punkte oder Bereiche haben. Aber die Schönheit dieser kleinen Teilbereiche hat kaum Auswirkungen auf die allgemeine Ungemütlichkeit, Tristheit und Unordentlichkeit des Hauses. Es sind zwar schöne Details vorhanden, aber der schöne Rahmen fehlt.

Vielen Messies ist es ein Rätsel, warum ihre Häuser oder Wohnungen nicht schöner aussehen, nachdem sie so daran gearbeitet haben, sie zu dekorieren. Folglich nehmen sie an noch einem Kunsthandwerkskurs teil oder kaufen noch mehr Nippes und Schnickschnack. Aber das Bedürfnis nach Schönheit wird dadurch dennoch nicht befriedigt.

Warum ist Schönheit so wichtig? Warum sehnt sich unsere Seele so sehr danach? Was ist Schönheit überhaupt?

Schönheit ist das, was unsere Seele in Schwingung versetzt, so daß ein Gefühl von Freude, Glück oder Vergnügen entsteht. Wordsworth, der berühmte englische Dichter der Romantik, empfand Freude beim Anblick eines Regenbogens:

> My Heart leaps up when I behold the Rainbow in the sky.
> (Mein Herz macht einen Freudensprung, wenn ich den Regenbogen am Himmel erblicke.)

Und über ein Narzissenfeld schrieb er:

And then my heart with pleasure fills and dances with the daffodils.
(Und mein Herz, erfüllt von Glück, tanzt mit den Narzissen.)

Welch eine Freude, was für ein Glücksempfinden wird hier beschrieben! Die Quelle dieser Freude ist *Schönheit*. Und genau das wünschen wir uns doch für unser Zuhause. Wir wünschen uns, daß unser Herz vor Freude einen Satz macht und vor Entzücken über das von uns Geschaffene tanzt. Wir wünschen uns, daß andere von unseren Häusern angezogen werden durch die ihnen innewohnende Schönheit und Gemütlichkeit.

Unordentliche Häuser und Wohnungen sind jedoch keine Quelle der Freude.

Gott hat bei der Erschaffung der Schönheit an unser Vergnügen gedacht. Als er einen Garten anlegte, schuf er einen Baum mit zwei Merkmalen. Er war *schön anzusehen*, und er bot *gute Nahrung*. Er war sowohl dekorativ als auch praktisch.

Messies haben so oft gehört, sie seien »nun mal eher praktisch veranlagt«, daß sie denken, ihre Wertschätzung von Schönheit und allem Schönen sei etwas Falsches. Das ist ein Irrtum, der einen hohen Preis fordert. Wir haben ein tiefes Bedürfnis nach Schönheit. Ohne Schönheit gibt es für uns keine Erfüllung, und ebensowenig bekommen wir ohne Schönheit das Praktische an den Platz, der ihm zukommt.

Leider stehen im Leben von Messies das Anziehende und das Praktische miteinander auf Kriegsfuß, und meistens siegt dabei das Praktische.

Wie bereits erwähnt, ist aber das Praktische der größte Feind der Schönheit. Ein Messie entdeckt beispielsweise einen gebrauchten Schreibtisch mit viel Stauraum. Er ist eigentlich zu groß für den Raum, für den er gedacht ist, und außerdem paßt er nicht zu den übrigen Möbeln. Aber er ist günstig und »soooo« praktisch. Also hält das häßliche, überdimensionale Stück Einzug in das Zimmer, überschwenglich von seiner neuen Besitzerin begrüßt, die jedoch das vage Gefühl nicht loswird, daß irgend etwas nicht stimmt. Das Praktische hat gewonnen.

Weil die vergeblichen Versuche, optische Schönheit zu schaffen,

Messies frustrieren können, kompensieren sie. Sie schalten den Gesamteindruck eines Raumes aus und konzentrieren sich auf einzelne kleine Bereiche. Zufrieden starren sie auf den Tisch, auf dem eine Vase mit einem wunderschönen Tulpenstrauß steht, obwohl der Raum an sich reizlos ist.

Eine andere Methode, mit der Messies Schönheit in einem tristen Haus suchen, besteht darin, optische Schönheit durch schöne Worte und Gedanken zu ersetzen. Sie stapeln Bücher und Zeitschriften um sich herum, häufig sogar in ihrem Schlafzimmer auf dem Bett. Es gefällt ihnen, so viel intellektuelle Schönheit griffbereit zu haben. Aber diese Art von Schönheit kann visuelle, also mit den Augen wahrnehmbare Schönheit nicht ersetzen.

Es kann uns gelingen, daß Schönheit von unserem Geist in unsere Wohnungen und Häuser fließen und all denen Freude bringen kann, die unsere Räume betreten. Aber bevor das geschehen kann, müssen wir unsere »Hauptsache-praktisch-Mentalität« fahren lassen. Was wir in unsere Häuser bringen, muß schön *und* praktisch sein. George Santayana schreibt in seinem Klassiker über Schönheit: »Ein ordentliches, schlichtes, praktisches Zuhause mag etwas Angenehmes sein, aber ihm fehlen der Charme und die Harmonie, die uns bereichern.«

Wenn Schönheit in unser Zuhause Einzug hält, dann können wir uns entspannen und beginnen, unsere Umgebung als Ganzes zu betrachten, ohne unsere Betrachtung auf einige wenige schöne Details beschränken zu müssen. Die Ordnung, die sich uns bisher entzog, ist jetzt viel näher bei der Hand. Messies glauben in der Regel, daß Ordnung Schönheit hervorbringt. Das ist auch in einem gewissen Maße richtig. Aber ich glaube, daß in bezug auf Erfahrungen von Messies eher gilt, daß Schönheit Ordnung hervorbringt.

Ein schönes Zuhause zu haben, hat noch eine weitere überraschende Auswirkung. Schönheit und Gemütlichkeit hebt uns aus unserer Müdigkeit und Deprimiertheit heraus. Viele Menschen gehen gegen Stimmungstiefs vor, indem sie sich schön anziehen oder einen Spaziergang in einer besonders schönen Landschaft machen. Schönheit und Gemütlichkeit hebt viele Messies aus Antriebslosigkeit und depressiven Verstimmungen heraus. Ein Teil dieser

Deprimiertheit rührt sicher von dem Mangel an Kontrolle, aber ein anderer Teil kommt ganz bestimmt daher, daß sie in einem reizlosen, ungemütlichen Zuhause leben.

In ihrem Buch »Emotional Phases of a Woman's Life« (Emotionale Phasen im Leben der Frau) beschreibt Jean Lush das Bedürfnis einer Frau nach Schönheit folgendermaßen:

»Irgendwie erkennen sie das große menschliche Bedürfnis nach Schönheit. Dieses Grundbedürfnis wird in unserem geschäftigen Leben oft einfach übersehen. Wir wissen, daß zu unseren Grundbedürfnissen Essen, Kleidung, Unterkunft und vielleicht auch noch Gemeinschaft gehört, aber nur sehr selten betrachten wir Schönheit als eine Notwendigkeit ... Mangel an Schönheit – Häßlichkeit – macht unseren Geist traurig.

Schäbigkeit und Unordnung führen bei uns zur Erschöpfung ... Schönheit bewirkt neue Energie. Sie erhebt unseren Geist.«

Messies arbeiten antriebslos oder zerstreut, weil sie einfach erschöpft sind vom Anblick ihrer Umgebung zu Hause. Deprimiertheit und Teilnahmslosigkeit können überwunden werden, indem der Funke der Schönheit ins Haus gebracht wird. Erinnern Sie sich an die Geschichte zu Beginn dieses Kapitels. Achten Sie einmal auf die kraftvollen dynamischen Wörter, die das Erleben von Schönheit so intensiv beschreiben:

Mein Herz macht einen Freudensprung ...
Und mein Herz, von Glück erfüllt ...

Wann ist es das letzte Mal geschehen, daß der Zustand Ihres Hauses Ihnen dieses Gefühl von Kraft gegeben hat? Falls Sie jetzt schmunzeln: Das ist durchaus möglich. Wenn Sie nach einem langen arbeitsreichen Tag nach Hause kommen, kann ein schönes Zuhause Ihnen und Ihrer Familie zur Kraftquelle werden. Das optische Vergnügen, das Sie dabei erleben, bringt in Ihnen eine Harmonie hervor, die Sie alle bereichern wird. Und daraus kann eine wunderbare, aufwährtsführende Spirale entstehen. Wenn Sie so bereichert werden, sind Sie auch in der Lage, Ihr Haus weiter zu verschönern, und das bereichert Sie und andere.

Also gehen Sie auf das Ziel zu! Während Sie sich nach Ordnung und Kontrolle ausstrecken, sehen Sie auf die dahinterliegende Schönheit. Sie werden staunen, wieviel Kraft Ihnen das geben wird.

Kampf dem Chaos

1. Inwiefern beeinflußt Ihre Wertschätzung für Schönheit die Ordnung in Ihrem Leben?

a.

b.

c.

d.

2. Zählen Sie einige Gedanken auf, wie Sie die Kraft der Schönheit zur Überwindung der Unordnung nutzen können.

a.

b.

c.

d.

ANHANG I

MAKE-UP FÜR MESSIES

In diesem Buch geht es nicht nur um Haushaltsführung. Es handelt auch davon, wie wir nett zu uns selbst sein können und wie wir lernen können, Schönheit wertzuschätzen.

Wenn wir Schönheit in unserem Leben wieder schätzenlernen, dann wirkt sich das auch positiv auf andere Dinge aus. Wenn wir anfangen, Schönheit zu schätzen, und wenn wir erleben, wie sie Formen annimmt, dann motiviert uns das, es auch in anderen Bereichen zu versuchen. Wir empfinden Stolz und Freude über das, was wir sind. Von diesem neuen Verständnis unseres eigenen Wertes und unserer Würde aus entsteht auch das Bedürfnis, besser auszusehen. Ich persönlich habe das so erlebt.

Mir hat schon immer viel daran gelegen, so gut wie möglich auszusehen, und meistens ist mir das auch gelungen. Bei einer Fernsehsendung in Cleveland sagte die Moderatorin erstaunt, als sie mich sah: »Meine Güte, Sie sehen ja gar nicht aus wie ein Messie!« Ich hatte Angst, sie zu fragen, was sie denn erwartet hatte. Strähniges Haar? Schlechtsitzende Kleidung? Schuhe, die nicht zur Garderobe passen? Es ist erstaunlich, daß Messies normalerweise in der Lage sind, ihr persönliches Erscheinungsbild in Ordnung zu halten. Aber sie sehen nicht so gut aus, wie sie eigentlich aussehen könnten. Der Streß und die Mühe, saubere und passende Kleidung auszusuchen und was sonst noch nötig ist, und das auch noch alles gleichzeitig, ist eine extreme Herausforderung für die organisatorischen Fähigkeiten von Messies. Das wirkt sich auch aufs Make-up aus. Zu große Eile, zuviel Ablenkung, zuwenig Bedürfnis und zuwenig Kenntnis, wie man sich schminkt, halten Messies davon ab, Kosmetika so gut wie möglich zum Einsatz zu bringen.

Informationen sammeln

Mein erster Versuch zur Verbesserung meines Aussehens bestand darin, daß ich in eine Drogerie ging und eine Reihe Kosmetika ziemlich wahllos zusammenkaufte. Ich war zu schüchtern, um Hilfe zu bitten, und Drogerieangestellte haben oft auch gar nicht das nötige Wissen für eine fundierte Beratung, also gab es bei meiner Auswahl von Schminksachen ebensoviele Treffer wie Nieten, und ich hatte Geld ausgegeben für Produkte, die ich dann nicht benutzen konnte. Als ich feststellte, daß diese Vorgehensweise nicht so gut funktionierte, besorgte ich mir ein Buch über gutes Aussehen, in dem es auch ein Kapitel über das Schminken gab. Das war mir eine große Hilfe.

Dies bißchen Wissen verhalf mir dann zu dem Mut, weiterzusuchen. Die wirkungsvollste Vorgehensweise bestand damals darin, in die Kosmetikabteilungen großer Kaufhäuser zu gehen und nach Make-up und Schminktips zu fragen. Dort fand ich eine Welt vor, in der man sich ernsthaft um Schönheit kümmerte und bemühte. Ich befaßte mich jetzt intensiv mit dem Thema. Ich bekam Prospekte und Proben, sie rieben mir ihre Produkte in mein Gesicht, auf meinen Hals und die Arme, und sie gaben mir zahllose Tips. An verschiedenen Tagen ließ ich mir das Gesicht von verschiedenen Expertinnen zurechtmachen. Um wirklich gut beraten zu können, muß ein Spezialist Ihr Gesicht wirklich genau ansehen, um den Hauttyp und die Hautfarbe bestimmen zu können. Sie müssen verschiedene Produkte ausprobieren, um herauszufinden, welche für Sie am geeignetsten sind.

Wunderwelt der Kosmetik

Teintpflege hat zwei Bereiche: Hautpflege und Make-up. Es ist einfach zu beurteilen, wie Ihr Gesicht aussieht. Es ist nicht so einfach zu beurteilen, ob ein bestimmtes Hautpflegeprogramm etwas daran ändern wird, wie Ihre Haut in zwanzig Jahren aussehen wird, was viele Hersteller von sich behaupten.

Bevor man sich um das Schminken kümmert, muß man seinen Hauttyp kennen. Ich dachte immer, ich hätte fettige Haut, aber die Hautspezialisten waren sich darüber einig, daß dem nicht so sei. Als ich ihnen sagte, daß meine Nase immer fettig sei, sagten sie, daß das bei fast jedem so sei. Es stellte sich also heraus, daß ich eine Mischhaut habe – in der Mitte des Gesichtes fettig und zu den Seiten hin eher trocken. In der Beurteilung meiner Haut als Mischhaut waren sich alle einig, und das gab mir ein gewisses Maß an Sicherheit dafür, daß sie wußten, was sie taten. Eine Beraterin sagte, daß meine Haut an den Seitenpartien »pergamentartig« sei, was mich doch irgendwie ein bißchen beunruhigte. Aber ihre Kosmetikserie konzentrierte sich auch vornehmlich auf trockene Haut.

Sie sprachen von Gesichtsmasken und Produkten, die »genausogut wie eine Maske« seien und die ich zu Hause anwenden könnte. Sie sprachen davon, daß die Haut Schutz brauche gegen Sonne, Computerstrahlung, Strahlen von fluoreszierender Beleuchtung und der Spiegelung der Windschutzscheibe. Sie sprachen von Schädigung der Haut durch den Wind und von Schutz vor Umweltschädigung sowie darüber, daß Schminke aus dem Supermarkt die Poren verstopfen könnte. Sie sprachen von Honig und Mandeln und ausschließlich natürlichen Zutaten. Eine Beraterin sagte, daß ihr Produkt von der Stiftung Warentest als das

»nächstbeste nach kosmetischer Chirurgie« eingestuft worden sei. Sie sprachen von hyperallergenen Produkten, und sie sprachen von Wiederherstellung geschädigter Zellen. Ich hatte gerade einen Bericht über die nicht belegten Behauptungen der Kosmetikfirmen gehört, daß sie Produkte gegen das Altern entwickelt hätten, aber ich nehme an, daß die Schönheitsberaterinnen diesen Bericht nicht gehört hatten, denn auch sie sprachen davon.

Es gibt eine Menge Illusionen in der Kosmetikbranche, und zwar auf beiden Seiten der Verkaufstresen. Frauen möchten träumen und glauben, daß irgendwo in der Flasche oder Tube Zauberei ist. Wenn das Produkt bewirkt, daß sie sich schöner finden, dann hat es ja zumindest teilweise schon Erfolg gehabt. Damit will ich nicht irreführende Werbemethoden verteidigen. Ich sage lediglich, daß wir manche Behauptungen eher als Hoffnung denn als Tatsachen betrachten sollten.

Eines aber ist sicher, und darin sind sich auch alle einig: Die Haut braucht Feuchtigkeit. Man sollte mindestens acht Gläser Wasser am Tag trinken. Wir sollten unsere Haut darüber hinaus mit Feuchtigkeitscreme behandeln, um zu verhindern, daß die Feuchtigkeit verdunstet. Ich habe früher immer gedacht, daß Feuchtigkeitscreme meine Haut noch fettiger macht, aber Feuchtigkeitscreme ist nicht fettig und hält das Wasser und nicht das Fett in der Haut, wo es hingehört. Cremen Sie sich nach dem Duschen oder Baden mit einer Feuchtigkeitslotion ein, und behandeln Sie auch das Gesicht damit, und zwar abends nach dem Abschminken und morgens, bevor Sie sich schminken. Feuchtigkeitscreme hilft dabei, daß sich die Grundierung gleichmäßiger auf der Haut verteilen läßt, außerdem verhindert sie, daß die Poren durch die Schminke und Umweltschadstoffe verstopfen. Viele Feuchtigkeitscremes enthalten auch einen Sonnenschutz, der vor schädlicher Strahlung schützt, die ein Todfeind jeder gesunden Haut ist.

Im Laufe meines Gespräches mit der Beraterin, die mir sagte, meine Haut sei wie Pergament, flüsterte sie mir zu: »Das Geheimnis jugendlicher feuchter Haut besteht darin, sich eine Flasche Mineralwasser zu kaufen und es mit einer Sprühflasche aufs Gesicht zu sprühen, bevor man die Feuchtigkeitscreme aufträgt.« Sie blickte sich um und lehnte sich noch weiter zu mir herüber, wobei sie auf eine andere Beraterin deutete und sagte: »Das wird Ihnen keine von den anderen sagen, aber es ist wahr.« Und als letztes vorm Verabschieden sagte sie noch: »Es gibt solche Sprühflaschen in jedem Supermarkt.« Weil ich etwas Ähnliches schon in zwei anderen Büchern gelesen habe, glaubte ich ihr.

Die Schminke

Um gut auszusehen, brauchen Sie gar nicht viele verschiedene Schminkutensilien, sondern nur die richtigen. Vergleichen Sie die Preise, bevor Sie auch nur einen Pfennig ausgeben. Sie sollten eine Kosmetikerin aufsuchen, um Ihren Hauttyp und eventuell auch Ihren Farbtyp bestimmen zu lassen. Kosmetikerinnen in den Kosmetikabteilungen der Kaufhäuser, Kosmetikerinnen in Parfümerien und auch Beraterinnen, die Hausbesuche machen, sind in der Regel gerne bereit, Sie zu beraten und Ihre Fragen zu beantworten. Manchmal ist mit einer solchen Beratung keine Kaufverpflichtung verbunden, manchmal muß man eine Kleinigkeit kaufen. Fragen Sie vorher, ob Sie bei Beratung und einem Probe-Make-up eine Kaufverpflichtung eingehen. Die Beratung beinhaltet in der Regel das Thema Hautpflege für Ihren Hauttyp. Manche Beraterinnen geben Ihnen eine Gesichtsmaske. Sie tragen eine passende Grundierung auf, raten Ihnen zum passenden Rouge und zu Ihren Lidschattenfarben. Wenn Sie das betreffende Geschäft verlassen, haben Sie eine sehr gute und konkrete Vorstellung von den Produkten, die hier angeboten werden. Fühlen Sie sich nicht verpflichtet, Ihre Kosmetika von jetzt an dort zu kaufen, sondern treffen Sie eine endgültige Entscheidung erst dann, wenn Sie ganz sicher sind. Ich habe in der Regel gesagt, ich versuche gerade mein Make-up zu verbessern und herauszufinden, welche Kosmetikserie und welche Farben am besten zu mir passen. Sagen Sie ganz klar, daß Sie Verschiedenes ausprobieren, bevor Sie sich entscheiden. Seien Sie nicht schüchtern, und lassen Sie sich auf keinen Fall von einer Verkäuferin oder Kosmetikerin unter Druck setzen, ein bestimmtes Produkt zu kaufen. Eines der Produkte, die Sie ausprobieren, wird genau richtig sein für Sie. Bevor Sie etwas kaufen, warten Sie ab, bis Sie genau dieses passende Produkt gefunden haben. Es gibt in der Kosmetikbranche viele kostenlose Proben. Wenn Sie mit offenen Augen die Werbung ansehen, dann können Sie bestimmt einige dieser Proben bekommen. Das alles wird Ihnen bei Ihrer Entscheidung eine Hilfe sein.

Denken Sie nur daran, am Anfang nicht zu übertreiben. Wenn Sie sich bisher kaum geschminkt haben und jetzt beschließen, etwas für Ihr Aussehen zu tun, dann nehmen Sie diese Veränderung nicht zu abrupt vor, weil es nicht nur Sie selbst, sondern auch Ihre Freunde erschrecken könnte.

Wieviel Make-up sollten Sie auflegen? Legen Sie soviel auf wie nötig ist, um Ihr Gesicht zu schützen, und so viel, wie es Ihr gutes Aussehen unterstreicht. Make-up wird Sie besser aussehen lassen und nicht komischer, wenn Sie es richtig einsetzen. Die Menschen in Ihrer Umgebung werden Ihnen keine Fragen stellen zu Ihrem Make-up, sondern sie werden zum Beispiel sagen: »Sie sehen aber erholt aus. Waren Sie im Urlaub?« Oder sie werden fragen: »Irgendwie siehst du anders aus. Warst du beim Friseur?« Oder sie sagen schlicht und einfach: »Gut siehst du heute aus!«

Wenn Sie nicht oft ausgehen oder isoliert wohnen oder wenn Ihre Freundinnen sich auch nicht schminken, dann ist trotzdem eine Grundpflege für die Haut, bestehend aus Reinigungsmilch, Gesichtswasser und Feuchtigkeits- bzw. Nährcreme sowie hin und wieder eine Gesichtsmaske ratsam, um Ihre Haut so gut wie möglich vor Umwelteinflüssen zu schützen. Auch ein wenig Lippenstift und Rouge können nicht schaden, um Ihr Gesicht ein bißchen herauszuputzen. All die anderen Utensilien können Sie für besondere Gelegenheiten bereithalten.

Die beste Quelle für Schönheit

Make-up ist nur ein Mittel zur Unterstreichung der natürlichen Schönheit. Bei einem Lebensstil, in dem Ausgewogenheit besteht zwischen Arbeit und Spiel, bei genügend Sport und Bewegung und einer ausgewogenen Ernährung, wird ein Strahlen entstehen, das kein Make-up hervorzaubern kann.

Als Studentin beschloß ich einmal, meiner äußeren Erscheinung keine Aufmerksamkeit mehr zu schenken, sondern mich nur noch auf die Weiterentwicklung meines inneren Menschen zu konzentrieren. Aber schon sehr bald stellte ich fest, daß es meinem Inneren gar nicht guttat, schlampig auszusehen. Ein vernachlässigtes Äußeres ist höchstens ein Widerspruch zu dem schönen Geist, den man sich wünscht. Make-up muß, neben vielen anderen Aspekten des Lebens, Teil eines umfassenderen ausgewogenen Lebensstils sein. Es wird eine besondere Harmonie hervorgerufen, wenn man einen schönen Geist und ein dazu passendes schönes Gesicht hat.

Aber noch tiefer ist die Schönheit des Geistes, die durch die Augen, die ganze Haltung und die Gesamtpersönlichkeit zum Ausdruck kommt. Die Bibel nennt das Schönheit der Heiligkeit, und sie entsteht, wenn man die Freude und die Liebe kennt, die Gott schenkt, der die Liebe ist.

ANHANG II

EINEN ANFANG MACHEN

Es gibt eine Reihe von Möglichkeiten, wie man eine Selbsthilfegruppe für Messies, wie es sie bereits in den USA gibt, gründen kann. Manchmal treffen sich zwei Messies, die ihr gemeinsames Interesse feststellen und dann anfangen, sich regelmäßig zu treffen und sich gegenseitig Hilfestellung zu leisten. Manchmal entstehen aus Frauengruppen in Kirchengemeinden oder anderen Organisationen Selbsthilfegruppen für Menschen, die Schwierigkeiten haben, ihr Leben zu organisieren. Es kommt auch vor, daß bereits bestehende Gruppen sich eine Zeitlang auf das Gebiet der Selbstorganisation konzentrieren und dadurch eine Art Messie-Selbsthilfegruppe auf Zeit werden. Vielleicht haben Sie auch selbst Lust, Initiative zu ergreifen und eine Gruppe zu gründen, die sich mit der Thematik dieses Buches beschäftigt. Austausch und Verständnis sind in jedem Fall hilfreich. Ein Arbeitsprogramm für solche

Selbsthilfegruppen kann konzipiert sein wie beispielsweise die Arbeit der Anonymen Alkoholiker mit ihrem 12-Schritte-Programm, muß aber nicht. Dieses Programm hat sich in vielen Formen der Selbsthilfegruppen bewährt.

Eine kleinere Gruppe mit vier bis sechs Mitgliedern kann sich beispielsweise in einem Lokal zum Mittagessen treffen oder an einem Abend in der Woche gemeinsam essen.

Selbst wenn eines der Mitglieder ein Haus oder eine Wohnung haben sollte, das/die so ordentlich und aufgeräumt ist, daß man sich dort treffen kann, so hat es sich als günstiger erwiesen, sich in einem Lokal oder an einem anderen »neutralen« Ort zu treffen, etwa in Räumlichkeiten einer Kirchengemeinde, eines Vereins oder einer Schule. Ob man nach dem 12-Schritte-Programm der Anonymen Alkoholiker vorgehen will oder nicht, bleibt ganz der Gruppe überlassen. Wenn die gesamte Gruppe völlig überzeugt ist von diesem inzwischen auch von vielen anderen Selbsthilfegruppen übernommenen Programm, würde ich persönlich vorschlagen, nicht danach vorzugehen. Kontroversen über das Vorgehen der Gruppe können von dem eigentlichen Ziel ablenken, nämlich wieder zu einem organisierten Lebensstil zurückzufinden.

Wer sich damit beschäftigt, wird feststellen, daß es sehr einfach ist, diese Methode der 12 Schritte auf seine eigene »Sucht« der Unordnung oder mangelnder Kontrolle über das eigene Leben anzuwenden. Das Kapitel 7 »Dem Kind in uns Eltern sein« gibt nähere Informationen, die Ihnen dabei helfen können herauszufinden, ob die Anwendung des Programmes für Sie sinnvoll ist.

Die zwölf Schritte sind folgende:

Erster Schritt: Wir gaben zu, daß wir dem Alkohol gegenüber machtlos sind – und unser Leben nicht mehr meistern konnten.

Zweiter Schritt: Wir kamen zu dem Glauben, daß eine Macht, größer als wir selbst, uns unsere geistige Gesundheit wiedergeben kann.

Dritter Schritt: Wir faßten den Entschluß, unseren Willen und unser Leben der Sorge Gottes – wie wir ihn verstehen – anzuvertrauen.

Vierter Schritt: Wir machten eine gründliche und furchtlose Inventur in unserem Inneren.

Fünfter Schritt: Wir gaben Gott, uns selbst und einem anderen Menschen gegenüber unverhüllt unsere Fehler zu.

Sechster Schritt: Wir waren völlig bereit, all diese Charakterfehler von Gott beseitigen lassen.

Siebter Schritt: Demütig baten wir ihn, unsere Mängel von uns zu nehmen.

Achter Schritt: Wir machten eine Liste aller Personen, denen wir Schaden zugefügt hatten, und wurden willig, ihn bei allen wiedergutzumachen.

Neunter Schritt: Wir machten bei diesen Menschen alles wieder gut – wo immer es möglich war –, es sei denn, wir hätten dadurch sie oder andere verletzt.

Zehnter Schritt: Wir setzten die Inventur bei uns fort, und wenn wir Unrecht hatten, gaben wir es sofort zu.

Elfter Schritt: Wir suchten durch Gebet und Besinnung die bewußte Verbindung zu Gott – wie wir ihn verstanden – zu vertiefen. Wir baten ihn nur, uns seinen Willen erkennbar werden zu lassen und uns die Kraft zu geben, ihn auszuführen.

Zwölfter Schritt: Nachdem wir durch diese Schritte ein seelisches Erwachen erlebt hatten, versuchten wir, diese Botschaft an Alkoholiker weiterzugeben und unser tägliches Leben nach diesen Grundsätzen auszurichten.

Die Ziele

Eine Selbsthilfegruppe hat mehrere Ziele. Das erste Ziel ist Ermutigung. Ein Messie zu sein, ist eine ziemlich entmutigende Angelegenheit. Wenn es ein Wort gibt, das mein Leben als Messie treffend charakterisiert, dann ist es das Wort »frustrierend«. Manchmal sind Messies ziemlich durcheinander und entmutigt über ihr Problem und ihre scheinbare Unfähigkeit, es in den Griff zu bekommen. Das tritt zutage, wenn sich die Selbsthilfegruppe zum ersten Mal trifft.

Das zweite ist die Motivation. Für Messies ist es von entscheidender Bedeutung, den richtigen Fokus zu haben, und dieser Fokus bleibt schärfer, wenn man in regelmäßigen Abständen über die Erfolgserlebnisse der vergangenen Woche und die Ziele und Pläne für die nächste Woche spricht. Wer zu den Treffen erscheint, ist motiviert, seine Ziele für die nächste Woche aufzuschreiben. Dadurch wird die Zielsetzung konkreter, und das Engagement zum Erreichen dieser Ziele wird stärker. Außerdem werden die einzelnen dazu ermutigt, von ihren Erfolgen in der vergangenen Woche zu berichten. Damit jedes Mitglied beide Möglichkeiten hat – die zum Berichten über Erfolge und die zur Konkretisierung künftiger Ziele –, sollten größere Gruppen in Kleingruppen aufgeteilt werden. Von den Erfolgen anderer zu hören, von eigenen zu berichten und sich ganz konkrete Ziele zu setzen, ist für Messies eine gewaltige Motivation.

Und schließlich gehört zu den Zielen einer Selbsthilfegruppe auch ein breites Informationsangebot. In der Gruppe können beispielsweise Artikel oder Teile von Büchern zu der betreffenden Thematik gemeinsam gelesen und besprochen werden. Das kann beispielsweise ein Kapitel aus einem Buch sein, in dem es über die Organisation eines Frühjahrsputzes geht. Man kann auch hin und wieder eine(n) Referenten/Referentin einladen. Nach dem Referat kann dann eine lockere Gesprächsrunde stattfinden.

Vielleicht möchte manche Selbsthilfegruppe auch als Sprachrohr der Menschen mit Organisationsproblemen fungieren und vielleicht Kontakt herstellen bzw. halten mit der lokalen Tageszeitung, der sie hin und wieder Artikel anbieten zum Thema Selbstorganisation. Es gibt drei gute Zeitpunkte, um Artikel zu diesem Bereich in den Zeitungen unterzubringen: Am Jahresanfang, wenn gute Vorsätze für das neue Jahr gefaßt werden; im Frühjahr, wenn der Hausputz ansteht; im Frühsommer, wenn es um die Organisation der Ferienreise und die Packerei geht. Sie werden staunen, wie groß das Interesse sein wird an Artikeln über Menschen, die ihr Problem mit der Desorganisation bewältigt haben.

Die Mitglieder

Die meisten Teilnehmer werden wahrscheinlich Frauen sein, auch wenn natürlich Männer ebenso herzlich willkommen sind. Vielleicht haben Frauen unter den Folgen ihres Desorganisiertseins mehr zu leiden, und deshalb sind sie es auch eher, die Unterstützung bei einer Selbsthilfegruppe suchen. Weil die Gruppen also überwiegend aus Frauen bestehen, ist es bestimmt auch sinnvoll, sich Gedanken über eine eventuelle Kinderbetreuung zu machen. Jede Gruppe wird ihre ganz eigenen Fragen und Probleme zu lösen haben, und deshalb kümmert man sich am besten um konkrete Probleme, wenn sie akut werden.

Organisation

Es gibt zwei Arten der Organisation: Es gibt die relativ lockeren und formlosen Gruppen und die straffer organisierten. (Dies bezieht sich bisher auf in den USA bestehenden Gruppen.) Zu ersteren kommen ein paar Leute zusammen und übernehmen freiwillig abwechselnd die Leitung des Treffens. Entscheidungen werden in der Regel durch Übereinkunft aller Teilnehmer getroffen. Es gibt keine Mitgliederbeiträge und keine offizielle Mitgliedschaft. Wenn Geld für irgend etwas benötigt wird, sammelt man entweder oder bittet um Spenden. Es wird kein offizielles Bankkonto eingerichtet. Das wenige Geld, das vorhanden ist, wird in der Regel bei irgend jemandem in der Küche in einer alten Keksdose aufbewahrt. Die formelleren Gruppen sind in der Regel größer und straffer organisiert und strukturiert. Manchmal erheben sie einen Mitgliederbeitrag, es gibt eine offizielle Mitgliedschaft und meistens auch ein kleines Vereinsblättchen mit den neuesten Nachrichten. Es wird in der Regel ein Vereinsvorstand gewählt, und Entscheidungen werden durch Abstimmungen gefällt, deren Ergebnisse protokolliert werden.

Jede Gruppe wird selbst wissen, welcher Stil am besten zu ihr paßt.

Kommunikation

In kleinen Gruppen bleibt man miteinander in Verbindung, indem man zwischen den Treffen miteinander telefoniert. Wenn es sich um eine größere Gruppe handelt, ist eine Telefonkette günstig, um notwendige Informationen möglichst schnell weiterzuleiten. Denken Sie jedoch daran, daß das Telefon auch immer eine Ablenkung von der Arbeit darstellt, die vor unseren Füßen liegt. Es wäre echte Ironie, wenn die Verwendung des Telefons mit den Zielen kollidieren würde, aufgrund derer die Selbsthilfegruppe überhaupt ins Leben gerufen wurde. Also benutzen Sie das Telefon zur Kommunikation mit anderen Mitgliedern so selten wie möglich. Tauschen Sie sich möglichst bei den Zusammenkünften der gesamten Gruppe aus.

Manche Gruppen möchten vielleicht einen Rundbrief herausgeben mit Artikeln, Ankündigungen usw. Auch hier gilt wieder: Tun Sie das nur, solange es nicht mit dem Zweck der ganzen Gruppe kollidiert. Wenn es zeitlich zuviel Aufwand darstellt, einen solchen Rundbrief zu erstellen, dann hat er für die Gruppe seinen Zweck verfehlt. Wenn Sie davon überzeugt sind, daß ein Rundbrief für Ihre konkrete Gruppe sinvoll ist, sollten Sie versuchen, ihn auf einem der regulären Treffen zu erstellen.

Vielleicht möchten Sie für neue Gruppenmitglieder eine Broschüre erstellen, aus der hervorgeht, wie die Arbeit Ihrer Gruppe strukturiert ist und welche Ziele Sie verfolgen. Wenn Sie eine solche Broschüre sorgfältig verfassen, können Sie sie als Information für Mitglieder und auch als Werbematerial für interessierte Menschen verwenden und sie in Arztpraxen, Geschäften oder in der Kirchengemeinde auslegen. Das hängt allerdings davon ab, wie sehr Sie mit Ihrer Gruppe nach außen gehen wollen.

Aktivitäten

Wenn die Gruppe beginnt, sich mit komplizierten Aktivitäten und Aktionen zu befassen, dann weicht sie von ihrer eigentlichen Zielsetzung ab. Mit wenigen Ausnahmen sollten die Treffen nicht länger als eine Stunde dauern. Sie sollten sachlich und themenzentriert sein. Vielleicht hat die Gruppe den Wunsch, stets nach einer gleichbleibenden Tagesordnung vorzugehen, die beispielsweise so gestaltet werden kann:

- Begrüßung
- »Erfolgs«-Berichte der vergangenen Woche (in Zweiergruppen)
- Gemeinsames Lesen von Buch oder Artikel bzw. Vortrag, Referat
- Kurze Diskussion
- Schluß, eventuell mit Gebet

Kampf dem Chaos

1. Wäre eine Selbsthilfegruppe für Sie eine Unterstützung beim Erreichen Ihrer Ziele?

☐ Ja
☐ Nein

2. Wenn das der Fall ist, wie können Sie dann eine ins Leben rufen, wenn es in Ihrer Gegend noch keine gibt? (Mehrfachnennung möglich)

☐ Ich könnte mich mit einer Freundin treffen.
☐ Ich könnte im Bekannten- und Kollegenkreis fragen, ob jemand Interesse an einer solchen Gruppe hat.
☐ Ich könnte eine Anzeige in einer lokalen Zeitung oder Stadtteilzeitung aufgeben.
☐ andere Möglichkeiten:

3. Wann würde es Ihnen zeitlich am besten passen?

☐ Morgens
☐ Nachmittags
☐ Abends
☐ Andere Zeiten (z. B. in der Mittagspause):

4. Wo wäre ein geeigneter Treffpunkt, wenn eine Gruppe zustande kommt?

☐ Räumlichkeiten in einem Gemeindezentrum einer Kirche
☐ in einer Schule, einem öffentlichen Gebäude
☐ in einem Lokal
☐ andere Möglichkeiten:

Wenn Sie Interesse an weiteren Informationen zu dem Thema haben oder eine Messie-Selbsthilfegruppe gründen möchten, wenden Sie sich bitte an:

Messie-Gruppen Deutschland
Frau Susanne Herms
c/o Brendow Verlag
Gutenbergstraße 1
47443 Moers